Hans Wolff

Der Purismus in der deutschen Litteratur des siebzehnten Jahrhunderts

Hans Wolff

Der Purismus in der deutschen Litteratur des siebzehnten Jahrhunderts

ISBN/EAN: 9783744697286

Hergestellt in Europa, USA, Kanada, Australien, Japan

Cover: Foto ©ninafisch / pixelio.de

Weitere Bücher finden Sie auf **www.hansebooks.com**

Der

ırismus in der deutschen Litteratur

des siebzehnten Jahrhunderts.

———

INAUGURAL-DISSERTATION
ZUR ERLANGUNG
DER PHILOSOPHISCHEN DOCTORWÜRDE
AN DER KAISER-WILHELMS-UNIVERSITÄT STRASSBU

VON

HANS WOLFF.

(Gross-Schenk, Siebenbürgen.)

STRASSBURG,
Universitäts-Buchdruckerei von J. H. Ed. Heitz
(Heitz & Mündel)
1888.

MEINEN TEUREN ELTERN

IN INNIGSTER DANKBARKEIT

GEWIDMET.

Meinem verehrten Lehrer, Herrn Prof. Martin, dem ich die Anregung zur vorliegenden Abhandlung schulde, spreche ich auch an dieser Stelle für die warme Teilnahme, die er meiner Arbeit und meinen Studien angedeihen liess, meinen tiefgefühlten Dank aus. Ebenso haben die Verwaltungen der Kön. Bibliothek zu Berlin und der Kais. Universitäts- und Landesbibliothek zu Strassburg durch ein äusserst liebenswürdiges Entgegenkommen in Befriedigung meiner litterarischen Bedürfnisse mich zum wärmsten Danke verpflichtet.

LITTERATUR.

B a r t h o l d,[1] F. W. Geschichte der fruchtbringenden Gesellschaft. Berlin 1848.

B e l l i n, J o h. Etlicher der hochlöblichen der Deutschgesinneten Genossenschaft Mitglieder, Wie auch anderer hochgelehrten Männer Sendeschreiben Erster Teil . . . . auff erheischen und ansuchen der ganzen hochlöblichen Deutsch-Zunft zusammengelesen, und mit einem Blattweiser gezieret durch Joh. Bellinen. Hamburg 1647.

B i r k e n, S i g m. Die Fried- erfreute Teutonie. Eine Geschichtschrift von dem Teutschen Friedensvergleich . . . . . ausgefertigt von S i g i s m u n d o B e t u l i o. J. Cult. Caes. P. Nürnberg 1652.

Der Teutschen Sprach E h r e n k r a n t z. Neben einem Namenbuch. Darinnen der bisshero getragene Bettelrock der Teutschen Sprach auss: vnd hergegen sie mit jhren eygenen Kleidern vnd Zierde angezogen wird. Strassburg 1644.

F i s c h a r t, J. Das philosophisch E .zuchtbüchlein. Strassburg 1578.

Joh. Fischarts Geschichtklitterung (Gargantua), in Braunes Neudrucken. Nr. 65 ff. Halle 1886.

F l u g b l ä t t e r.
Der Teutschen Wächterstimme über das gefährliche Hahnen (Frantzosen) Geschrey. Germanstadt 1674.

Ein F l u g b l a t t aus der Zeit des 30 jährigen Kriegs: Deutsche Satyra wider die Verderber der Muttersprache. Mitgeteilt von H. v. F. im Weimarischen Jahrbuch I, 296-98 (1854).

Zwei F l u g b l ä t t e r aus dem 30 jährigen Kriege; mitgeteilt von Ludwig Erk im Weimarischen Jahrbuch II, 206-209 (1855).

G r i m m e l s h a u s e n, H. J. C h r. v. Dess Weltberuffenen Simplicissimi Pralerey und Geprüng mit seinem T e u t s c h e n M i c h e l . . . in K u r z: Simplicianische Schriften, 4. Teil (346-414). Leipzig 1864.

G u e i n t z, C h r i s t i a n. Deutscher Sprachlehre Entwurf. Cöthen 1641.

---

[1] Da ich die sonstige modern einschlägige Litteratur höchst selten oder gar nicht benützt habe, führe ich dieselbe in der Litteraturangabe nicht an. Das wenig verwertete Material ist stets mit genauer Quellenangabe verzeichnet.

Harsdörffer, G. Ph. Specimen Philologiae Germanicae...
Norimbergae 1648.

Frauenzimmer Gesprächspiele, so bei Ehr- und Tugend-
liebenden Gesellschaften mit nutzlicher Ergötzlichkeit beliebet und
geübet werden mögen.... Durch Einen Mitgenossen der Hochlöblichen Fruchtbringenden Gesellschaft. Band I, Nürnberg 1644.
B. II 1657. B. III 1643. B. IV 1644. B. V 1645. B. VI 1646.
B. VII 1647. B. VIII 1649.

Poetischer Trichter. Die Teutsche Dicht- und Reim-
kunst ohne Behuf der lateinischen Sprache in VI Stunden ein-
zugiessen.... Durch ein Mitglied der Hochlöbl. Fruchtbringenden
Gesellschaft. Zum zweitenmal aufgelegt. Nürnberg 1650.

Delitiae Mathematicae et Physicae. Der Mathematischen und
Philosophischen Erquickstunden zweiter Teil, von Georg Philipp
Harsdörffer. Nürnberg 1651.

Herdegen, Johann. Historische Nachricht von dess löb-
lichen Hirten- und Blumenordens an der Pegnitz Anfang und
Fortgang.... von dem Mitglied dieser Gesellschaft Amarantes.
Nürnberg 1744.

Hoffmann v. Fullersleben. Findlinge, I. Leipzig 1860.

Krause, G. Der Fruchtbringenden Gesellschaft ältester Ertz-
schrein. Leipzig 1855.

Lauremberg, Joh. Veer Schertz-Gedichte... In Ned-
derdüdisch gereimet dörch Hans Willmsen L. Rost. Gedrücket
im Jahr 1652. (Braunes Neudrucke. Halle 1879).

Leibniz, Gottfr. Wilh. Die unvorgreiflichen Gedanken,
untersucht und herausgegeben von August Schmarsow. (Quellen
und Forschungen zur Sprach- und Culturgeschichte der germanischen Völker. XXIII. Strassburg 1877.)

Leibnizens Ermahnung an die Teutschen, ihren Verstand und
Sprache besser zu üben.... herausgegeben von Dr. C. L. Gro-
tefend. Hannover 1846. Dasselbe im Weimarischen Jahrbuch
B. III, S. 80-118 (1855).[1]

Daniel Georg Morhofens Unterricht von der Teutschen
Sprache und Poesie... nach dess Seel. Autoris eigenem
Exemplare übersehn zum andern mahle von den Erben herauss-
gegeben. Lübeck und Franckfurt 1700.

Moscherosch. Wunderliche und warhaftige Gesichte
Philanders von Sittewald. Das ist Straff-Schrifften Hanss-Michael
Moscherosch von Wilstädt. Erster Teil, vermehrt und verbessert
1677. Zweiter Teil, vermehrt und verbessert 1665.

_____

[1] Ich citire nach dem Weimarischen Jahrbuch.

Neumarck, Georg. Der Neusprossende Teutsche Palmbaum. Oder ausführlicher Bericht von der Hochlöblichen Fruchtbringenden Gesellschaft Anfang, Absehn, Satzungen, Eigenschaft .... hervorgegeben von dem Sprossenden. Nürnberg 1668.

Opitz, Martin. Aristarchus, sive de contemptu linguae Teutonicae. Autore Martino Opitio, Boleslaviensi Silesio. (In *Martini Opitii*, Deutsche *Poemata*. Auffs Newe übersehn, vermehret und herausgegeben.

Prosodia Germanica, Oder Buch von der Teutschen Poeterei .... Verfertiget von Martin Opitzen. Jetzo aber von Enoch Hannmann an vnterschiedlichen Orthen vermehret vnd mit schönen Anmerkungen verbessert. Nunmehr zum sechstenmal correct getruckt. Frankfurt am Mayn 1645.

Joh. Ludwig Praschens, Gründliche Anzeige von der Fürtrefflichkeit und Verbesserung Teutscher Poesie. Regensburg 1680.

Christian Pudor. Der Teutschen Sprache Grundrichtigkeit und Zierlichkeit. Cölln an der Spree 1672.

Joachim Rachels Deutsche satyrische Gedichte, hrsgg. von H. Schröder. Altona 1828.

Reichard, Elias Kaspar. Historie der deutschen Sprachkunst. Hamburg 1747.

Reime dich oder ich fresse dich. Das ist deutlicher zu geben .... Schellen- und Scheltenswürdige Thorheit *Boeotischer* Poeten in Deutschland, Hans Wursten zn sonderbarem Nutzen und Ehren ... zu belachen und zu verwerfen vorgestellet von Hartmann Reinholden, dem Franckfurter. Nordhausen 1673.

Rist, Johann. *Baptistae Armati Vates Thalosi* Rettung der Edlen Teutschen Hauptsprache ... Hamburg 1642.

Johann Risten, P. H. Kriegs- und Friedens-Spiegel. Hamburg 1640.

Johannis Ristii Holsati Musa Teutonica: Das ist: Teutscher Poetischer *Miscelaneen*. Erster Teil .... Zum ander mahl gedruckt 1637.

Des Jesaias Romplers von Löwenhalt erstes gebüsch seiner Reimgetichte. Strassburg 1647.

Justi Georgii Schottelii Opus partim renovatum et auctum partim plane novum de Lingua Germanica. Quinque Libris constans ...

Ausführliche Arbeit von der Teutschen Haubtsprache, dero uhralterthum, reinligkeit, vermögen, grundrichtigkeit .... Braunschweig 1663.

Schuppius Balthasar. Schriften: Von der Einbildung oder vorgefassten eingebildeten Meynunge der Menschen. S. 521-563.

Der Vnartig Teutscher S p r a c h v e r d e r b e r. Beschrieben
durch Einen Liebhaber der redlichen alten Teutschen Spruch.
Gedruckt im Jahr vnserer Erlösung 1643.

C. S. Teutscher vnartiger S p r a c h -. Sitten- und Tugend-
v e r d e r b e r. Gemehret vnd verbesseret vnd zum andern mal in
Truck gegeben. Getruckt im Jahr, Da Sprach, Sitten vnd Tugend
verderbet war, 1644.

Newe aussgeputzte S p r a c h p o s a u n, An die Unartigen
Teutscher Sprachverderber.... Gedruckt im Jahr 1648.

S t i e l e r. K a s p a r. Der Teutschen Spruche Stammbaum
und Fortwachs oder Teutscher Sprachschatz ... von dem Spaten.
Nürnberg 1691.

A r. d r e a s T s c h e r n i n g. Unvorgreifliche Bedenken über
etliche Missbräuche in der deutschen Schreib- und Sprachkunst
... Lübeck 1658.

W e i s e C h r i s t i a n. Die drei ärgsten Ertz-Narren in der
Welt ... übergeben durch Catharinum Civilem. Im Jahr 1673-
(Braunes Neudrucke, Halle 1878, Nr. 12-14.)

Christian Weisens Curiöse Gedanken von Deutschen Vers :n
... 1692.

Z e s e n, P h i l i p p v. Filipp Zesiens von Fürstenuu Frühlingslust oder Lob- und Lieblieder.

Filips von Zesen Hochdeutsche Heliconische Hechel....
Hamburg 1668.

Filip Zesens Durchaus vermehrter und zum dritt- und letzten
mahl in dreien teilen ausgefärtigter Hochdeutscher Helicon ...
Wittenberg 1649.

Ibrahim oder des Durchleuchtigen Bassa und der beständigen
Isabellen Wunder-Geschichte. Durch Filip Znesien von Fürstenau.
Amsteldam 1645.

Ritterholds von Blauen Adriatische Rosemund. Amsteldam
1664.

Filip Zesens Rosenmand.... Hamburg 1651.

Das Hochdeutsche Heliconische Rosentahl ... ausgefärtiget
durch den Fürtigen. Amsterdam 1669.

Filips von Zesen Sendeschreiben an den Kreuztragenden ...
im 1664 Jahre abgelaufen, in den Druck gegeben durch den Wol-
riechenden.

Philipp Caesiens Hooch-Deutsche Spraachübung ... Hamburg 1643.

Filips von Zesen Zugabe oder Anmärkungen über seinen
Simson. Nürnberg 1679.

C a s p a r Z i e g l e r. Von den Madrigalen... Wittenberg 1685.

I.

Die Einflüsse einer überlegenen Kultur haben nicht nur eine schnellere, reichhaltigere Entfaltung des geistigen Lebens eines Volkes, das denselben unterworfen ist, sondern auch eine entsprechende Bereicherung der Sprache durch neue Satz- und Wortbildungen zur Folge. Je nach der Breite und Tiefe dieser Einwirkungen, je nach dem Bildungsgrad, der Gefügig- und Gelenkigkeit der Sprachen, werden dieselben für die neuen Anschauungen und Begriffe die Bezeichnungen entweder aus eignem Stoffe formen, oder mit der Sache selbst auch den Ausdruck übernehmen. Das deutsche Volk kennt in seiner Entwicklungsgeschichte verschiedene Perioden, in denen es unter fremdem geistigen Einfluss stand. Ich brauche nur an die Berührung der Germanen mit den Römern, an die Uebernahme des Christentums und endlich an das goldne Zeitalter der ritterlichen Minnepoesie zu erinnern — das sind drei Epochen, in denen sich dem deutschen Geiste neue Welten öffneten. Aus diesen Zeiten rühren jene Fremdworte her, die, von dem Sprachgeiste umgemodelt, nur noch dem Kundigen als solche erkennbar sind, und die wir als Lehnworte zu bezeichnen pflegen.

Aehnliche Einwirkungen von Seite der wiedererweckten antiken Kultur, von Seite Frankreichs, Italiens und Spaniens sind auch im 15. Jh. bemerkbar, Einflüsse, die sich im 16. steigerten, bis sie im 17. ihren Höhepunkt erreichten, wo sie das nationale Leben des deutschen Volkes zu ersticken drohten. Es lässt sich nicht leugnen, dass auch diese Periode der Ausländerei und des Fremdwörterbarbarismus einige Vorteile der deutschen Nation gebracht. Die kärglichen Früchte fasst Leibniz[1] also zusammen: die Italiener haben uns eine bessere Vorsorge gegen Krankheiten, die Franzosen eine bessere Kriegsführung gelehrt; die deutsche Ernsthaftigkeit ist durch einige Munterkeit im Wesen gemässigt worden; Zierde, Wohlstand (Anstand) und Bequemlichkeit haben wir damals gelernt. Hinzuzufügen wären noch die mannichfachen Anregungen, die die deutsche Sprache und Litteratur in Folge der vielen Uebersetzungen empfing. Aber die Wagschale schnellt behende in die Höhe, wenn man alle Nachteile, die sich an diese halbe Verwelschung Deutschlands knüpfen, in Rechnung zieht. Die deutschen Zustände waren in Folge der religiösen Kämpfe und Wirren derartig, dass das Volk nicht im Stande war, die einströmende fremde Kultur selbständig zu gestalten, man überliess sich vielmehr willenlos der geistigen Botmässigkeit des Auslandes und gelangte im 17. Jh. nahe an die Grenze nationaler Selbstentwürdigung.

Die Fremdwörter des 17. Jh. können wir auf zwei Quellen zurückführen: auf eine antik-lateinische und eine modern-romanische.

Die Wiedererweckung der klassischen Studien[2]

---

[1]. Unvorgreifliche Gedanken, 54.

[2] Vgl. Wackernagel, II², 29 f.

hatte die Kluft zwischen dem Volke und den Gebildeten erweitert. Selbst die mächtige Gestalt Luthers, in der sich ja beide Richtungen innig verknüpften, konnte nur für kurze Zeit Wandel schaffen. Seitdem der Humanismus die Geister entzündet und die Schätze des klassischen Altertums aufgedeckt hatte, trat die lateinische Sprache in Kunst und Wissenschaft die Herrschaft an. Wenn auch diese Renaissance allüberall neues, frisch-sprossendes Leben trieb: auf dem Gebiete der Theologie, der Philosophie, und überhaupt für Wissenschaft und Kunst die Vorbedingung einer neuen Epoche werden sollte — für die Entwicklung der deutschen Sprache ist diese humanistische Bewegung eine Fessel gewesen.

Die deutsche Hochschule, im wesentlichen ein Kind jenes antik-lateinischen Zeitalters, war die Hauptpflegestätte dieser deutsch-römischen Kultur. Die hervorragendsten Vertreter der Gelehrsamkeit waren begeisterte Verkündiger dieser Bestrebungen. Jener berühmte Konrad Celtes pilgerte von Stadt zu Stadt und warb für das neue Evangelium Anhänger und gründete lateinisch-gelehrte Gesellschaften. Gerade diejenigen Männer, die sonst in der Mitte der reformatorisch-nationalen Bewegung standen, glaubten nur lateinisch schreiben zu dürfen. Und wenn einmal einer von diesen gewiss tüchtig gesinnten Patrioten, wie Hutten, am Ende seiner Laufbahn aus agitatorischen Absichten zur Muttersprache griff, dann gelang es ihm nur mit einer «sehr traurigen Unbeholfenheit in der Prosa, mit einer barbarisch zu nennenden Roheit in Vers und Reim». [1] Dieselbe Erscheinung haben wir auch in den damaligen

---

[1] Rückert, H. Geschichte der neuhochdeutschen Schriftsprache (1875), S. 12.

Schulen. Mit den ersten Anfangsgründen suchte man den Jungen lateinische Brocken beizubringen. «Die deutsche Sprache aus dem Kreis der Schule und der Gelehrsamkeit ganz auszuschliessen, war der offen ausgesprochene Zweck der damaligen Schulmänner. Lateinisch sollte die einzig gestattete Sprache in der Schule sein, womöglich gleich von den untersten Klassen an». [1] Diesem Zwecke dienten lateinische Elementarbüchlein, die, gewöhnlich in Gesprächsform eingekleidet, Phrasen des Alltagslebens enthielten, so: *bona dies* guten Tag, *salus plurima* viel Heil u. s. w. [2] Aventin, der es wagte, eine, mit Deutsch gemischte Grammatik zu veröffentlichen, hielt es für angezeigt, dies sein Unterfangen in der Gelehrtenzunft zu entschuldigen. [3]

Um aber diesen Latinisirungsprozess noch wirksamer zu fördern, schrieben spätere Schulordnungen die Aufführung lateinischer Dramen vor, damit die jungen Leute bei dieser Gelegenheit ihre Fertigkeit darlegten. Das Vorzüglichste leisteten das Strassburger Gymnasium und die sich hieranschliessende Akademie, die Schöpfungen des Humanisten Sturm. Aehnliche Bestrebungen finden wir in noch gesteigerterm Masse an den Universitäten. Sie waren die eigentlichen Pfleger dieses römischen Spätlings in poetischem Gewande. Maximilian I. stiftete, trotz seiner Vorliebe für altdeutsche Dichtung, ein «Collegium poeticum» im Sinne des Humanismus, und die Hauptlectüre bildeten Horaz, Cicero, Terenz und Livius. Diese neolateinische Poesie erlangte eine beachtenswerte Blüte, besonders das Drama, ich

---

[1] Raumer, K. v., Geschichte der Pädagogik vom Wiederaufblühen klassischer Studien bis auf unsere Zeit,[2] 1857, S. 138.
[2] Vgl. Raumer, a. a. O. 139 f.
[3] Raumer, a. a. O. 141.

brauche nur an Frischlin zu erinnern. Von zwiefachem
Glanze umstrahlt «der alten kirchlichen Heiligkeit und
der neuen Sonne der Wissenschaft und Kunst», gelang
es ihr leicht, die Herzen der Gebildeten zu erobern.
In diese Zeit fällt auch jene krankhafte Erscheinung,
die guten, deutschen Namen zu gräcisiren und zu lati-
nisiren. War der Name bis zur Unkenntlichkeit ver-
stümmelt, um so besser. Ein scharf kennzeichnendes
Schlaglicht wirft auf diese überspannte Latinität folgende
Aeusserung des Schlettstadter Pädagogen Sapidus: «ich
hab viel *barbara nomina* (in der Schule), ich muss sie einmal ein wenig lateinisch machen».[1] Aber auch Andere
huldigten dem Grundsatze: «nomina, quibus puer vo-
catur, latina esse debebunt».[2]

Selbst auf Gebieten, welche bisher die Pflegestätten
der deutschen Sprache gewesen, drang dieser lateinische
Einfluss erobernd und zersetzend vor, ich meine die
fürstlichen Kanzleien. Die Kanzleisprache setzte nunmehr fast ausschliesslich lateinische Ausdrücke als juri-
stische Fachworte in Umlauf. Tschudi eifert 1538 in
seiner «Rhaetia» gegen die «nafzwyfze Cantzler» und
«Cansistorische schyber», die nicht eine Linie ohne ein
lateinisch' Wort schreiben könnten, als wenn wir nicht
genug deutsche hätten.[3] Aventinus schreibt an den
Herzog von Bayern: «denn unsere Schreiber . . .
biegen und krümmen unsere Sprache in Reden und
Schreiben, vermengen's, fälschen's mit zerbrochenen
lateinischen Wörtern, machen's mit grossem Umschweife
unverständig.»[4]

---

[1] Vgl. Kluge. Von Luther bis Lessing, 1888, S. 117.
[2] Kluge, a. a. O. 118.
[3] Wackernagels Lesebuch III, 1, 386.
[4] Schottel, Ausführliche Arbeit . . ., 324.

Schliesslich erwähne ich noch, dass in dieser Zeit
die alten deutschen Monatsbezeichnungen ausgemerzt
und beseitigt wurden zu Gunsten der lateinischen.
Dieses sind die sprachlichen Erfolge des Humanismus in Deutschland. Dichter und Gelehrte schrieben
lateinisch und somit war die Entfremdung zwischen
den vornehmen Geistern der Nation einerseits, der
Sprache und volkstümlichen Litteratur andererseits
gegeben, eine Entfremdung, die bis zur vollen Verachtung des heimischen Idioms stieg. Wir werden sehen,
welch' grosse Hindernisse dadurch den puristischen
Bestrebungen des 17. Jh. in den Weg gelegt wurden, ja, dass sie zum Teil hieran gescheitert sind,
und es wird sich auch zeigen, wie mächtig diese lateinische Denkweise selbst den Stil der ausgesprochensten
Sprachreiniger beeinflusst.

Wie ich schon oben angedeutet habe, lassen sich
neben den antiken auch moderne Einwirkungen auf
die deutsche Sprache nachweisen, deren Anfänge ebenfalls in's 16. Jh. reichen. Vermittelt wurden dieselben
durch den deutschen Adel.

In der ersten Hälfte dieses Jahrhunderts, da man
noch unter dem Einflusse der Reformation stand,
herrschte in den adligen Kreisen nationale Zucht, Ge-
sittung und Gesinnung. Man sprach ziemlich rein
deutsch, mit Ausnahme von wenigen italienischen und
spanischen Worten, die der kaiserliche Hof eingeführt
hatte.[1] Aber die gewaltigen Umwälzungen auf dem
Gebiete der Politik gestalteten auch das gesellschaftliche Leben um.

Seit dem letzten Drittel dieses Jahrhunderts ström-
ten die protestantischen Fürstensöhne nach Frankreich,

---

[1] Leibniz, Unvorgreifliche Gedanken, 53.

um sich dort welsche Bildung und Sitten anzueignen.[1]
Die deutschen Universitäten, die man, so lange sie in
hoher Blüte standen, fleissig besucht hatte, mussten
den Vorrang den französischen und italienischen über-
lassen. Die einfache, deutsche Erziehung, wie sie der
Adel in der ersten Hälfte dieses Jahrhunderts genoss,
musste der verschnörkelt galanten des französischen
Hofes Platz machen. Allmählich kam man soweit, die
Kinder überhaupt in Frankreich erziehen zu lassen. [2]
So wurde dem Adel von früher Jugend auf französische
Sprache und französische Denk- und Gesinnungsweise
eingeimpft. Kam nun der junge Herr in das Land
der Väter zurück, so brachte er nicht nur feinere,
höfischere Sitte mit, sondern auch französische Zucht-
und Sittenlosigkeit. Das lüderliche Leben der letzten
Valois hielt um diese Zeit an den deutschen Fürstenhöfen seinen Einzug. Die Vorliebe für französisches
Wesen bewahrte man auch in der Heimat, ja sie fand
im befreundeten Kreise, insbesondere bei den Frauen,
bereitwillige Verehrer und Nachfolger. Man gewöhnte
sich im Nachbarlande nur sonniges, heiteres Glück
zu sehn, um so mehr, als gerade jetzt in Frankreich
Kunst und Litteratur sich anschickten, sich in mächtiger
Blüte zu entfalten.

Dazu kam noch die übergrosse Reiselust, die auch
damals schon, wie im 17. Jh., krankheitsartig gewirkt
zu haben scheint. Jeder modisch Gebildete musste
aus eigener Anschauung Frankreich und Italien kennen.
Noch besser war es, wenn er sich auch in den gesellschaftlichen Kreisen dieser Länder umgesehen, wenn
er etwas von Complimenten, Galanterie, Courtoisie pro-
fitirt hatte.

---

1 Barthold, a. a. O. 11.
2 Barthold, a. a. O. 17.

Befördert wurde diese sprachliche Verwelschung
der adligen Kreise durch die Aenderung, welche die
Sprache der Diplomatie zu Gunsten der französischen
erfuhr. Noch in den 3oer Jahren verhandelte der König
Franz I. deutsch mit den Fürsten. Jetzt aber wurde
das anders. Selbst die alte, ehrwürdige lateinische
Sprache musste ihrer welterobernden Tochter den Platz
räumen. Wie herrlich weit man es gebracht, beweist
Friedrich III. von der Pfalz, der nur französisch, selbst
mit deutschen Fürsten unterhandelte.
Am wirksamsten leistete aber der Calvinismus
dieser Französelei Vorschub. « Der Calvinismus des
16. Jh. ist der Weg, auf welchem das Fremde in
Sprache, Sitte und Denkweise in Deutschland eindrang
und zu Anfang des 17. Jh. eines grossen Teils fürst-
licher und adliger Kreise auch in der Politik sich
bemeisterte. »[1] Die Pfalz war der Hauptsitz für denselben und seitdem Friedrich III. die erste calvinische
Landeskirche in Deutschland geschaffen (zwischen 1560-
1563) und diesem Bekenntnis auch die Universität
Heidelberg geöffnet hatte, seit der Zeit drang der französische Einfluss immer kühner und immer grössere
Kreise ziehend in Deutschland vor. Moritz von Hessen
blieb hinter dem Pfälzer nicht zurück: er sorgte für
die Verbreitung des Calvinismus, er gründete in Kassel
eine französische Schule, die der Mittelpunkt für die
gallische Kultur in Deutschland wurde. Verwelscht,
italianisirt war auch der Hof zu Anhalt. Der Nieder-
länder Daniel l'Eremite sagt von diesem Hofe, er glaube
an einem italienischen zu sein. «Sein Hofgesinde selbst
ist an Sprache, Kleidung und Sitten italienisch.»[2]

[1] Barthold, a. a. O. 11.
[2] Barthold, a. a. O. 37.

Mit dieser Vorliebe für die französische Sprache und Bildung ging die Nachäfferei in Kleidung und Tracht Hand in Hand. Seitdem am kaiserlichen Hofe der spanische Geschmack über den deutschen gesiegt, fügte sich Deutschland ganz der ausländischen Mode. «Alle Verordnungen der Obrigkeiten und alles Predigen der Geistlichen gegen solche Unsitte, den «Hosenteufel», wie sie es nannten, fruchteten nichts. Namentlich die Stutzer und Raufbolde und Soldaten gefielen sich in derselben.» (Henne Am-Rhyn, Kulturgeschichte.).

Der französische Hof war klug genug, alle diese Neigungen und Liebhabereien zu unterstützen. Knüpften sich doch ausser den politischen auch finanziell-materielle Vorteile an diese Verwelschung Deutschlands. So soll Heinrich IV., als er befragt wurde, weshalb er die Deutschen so freundlich grüsse, geäussert haben : die müsste man vorsorglich gut behandeln, denn die sauer ersparten Mutterpfennige, die daheim nur verrosten würden, setzten sie in Frankreich in Umlauf. Diese eminent national-ökonomische Seite der Ausländerei hatte man auch in Deutschland erkannt. Moscherosch beklagt sich seiner Zeit hierüber: Das alte teutsche Geld tauscht man um und die Welschen machen es sich zu Nutze. «Meint ihr, wenn der Teutschen schwer erworbenes Gut nicht alles nach Paris für solche närrische neue Trachten übermacht würde, es könne sonst nicht vertan sein ?»[1] Neben diese französischen Einflüsse traten, wenn auch nicht so umfangreich und nachhaltig, die spanischen und italienischen. Vermittelt wurden die erstern

---

[1] Philander v. Sittewalds satyrische Gesichte, II, 78. .

besonders durch die Ritterromane. Gesellschaftliche Schauspiele, aufgeführt von Herren und Damen der Fürstenhöfe stellen die Thaten und Erlebnisse der Abenteurer und Helden des spanischen Romans dar. Allegorien, Aufzüge, ja alle Vergnügungen des Adels trugen spanisch-maurisches Gepräge.[1]

· Italien wirkte ausser durch seine Litteratur noch durch die Handelsverbindungen, welche dasselbe mit Deutschland verknüpften, auf das deutsche Geistesleben ein.[2]

Aber diese südromanischen Einflüsse wurden im Laufe des 3ojährigen Krieges durch die französischen ganz in den Hintergrund gedrängt. So liegen die Dinge in den höhern Kreisen an der Wende des 16. und 17. Jh.: Liebe für romanische, insbesondere französische Bildung und Sprache, für französische Erziehung und Tracht.

Ganz dieselbe Erscheinung zeigt auch die deutsche Litteratur, jene volkstümliche Litteratur, die allein in dieser Zeit das deutsche Sprachgut pflegte, wenn auch oft in recht kümmerlicher Weise. Diese Dichtung lehnte sich nicht nur an das Ausland an, sondern empfing auch, was ja eigentlich natürlich ist, von ihrer vornehmen Schwester, der lateinischen Gelehrtenpoesie, sprachliche, formelle und stoffliche Anregung. Aber noch mehr wirkte auf sie die modern ausländische Dichtung ein. Französisches, Spanisches und Italienisches wurde importirt und oft in ein gar wunderliches Deutsch übersetzt. Mit dem Stoffe übernahm man auch die Formen. Da kannte man «Madrigale, Canzonetten, Motetten, Villanellen, Galliarden, Cou-

---

[1] Barthold, a. a. O. 62 ff.
[2] Wackernagel, II², 32.

ranten, Neapolitanen», in denen sich einheimische und
fremde Worte recht buntscheckig mischten. Und erst
die Prosaromane! Zusammengetragen aus aller Herren
Länder, verziert und verschnörkelt mit spanischen, italienischen, französischen — und wenn der Verfasser
nur halbgelehrt war —°, auch mit lateinischen und griechischen Floskeln, Phrasen und Citaten, geschmacklos
aufgeputzt mit allerlei antik-mythologischen Anspie-
lungen — so wurden sie dem Publikum dargeboten.
Aber dies Kunterbunt entsprach vollkommen dem Geschmacke der Zeit. Man wünschte fremde, möglichst
«spanische» Kost! Man braucht nur an die vielfachen
Uebersetzungen, verbesserten und verschlechterten Um-
arbeitungen der Amadisromane zu erinnern, um den
Geist der Zeit und um die Wirkung dieser Mach-
werke ermessen zu können.

Wie sich nun diese vielfachen Einflüsse in der
Sprache abspiegelten, darüber geben uns schon die
Klagen der Schriftsteller des 16. Jh. lehrreichen Auf-
schluss. «Es mag kein grösser Zierd dem Vaterland
widerfahren, denn so man seine Sprach übet, schmucket,
herfürnutzet, «auffnet» und excoliret. Derhalben so
lasst uns nit mehr in Zierung des Vaterlandes so un-
achtsam sein, dass wir mehr fremde als unsere eigne
Aecker baueten und es mit lüderlichen Stroen Hütlin
entstellten, . . . so werden wir erfahren, dass Gott, der
in allen Sprachen will gelobt sein, auch in unserer
Sprach wird Wunder wirken.»[1] Noch schärfer rückt
Fischart diesen Sprachverderbern auf den Leib in
seinem «Gargantua», vornehmlich in dem XXII. Kap.
Hier tritt Meister Janotus auf und hält eine Rede im

---

[1] Fischart, Das Philosophisch Ehzuchtbüchlein. Strassburg
1578.

Stile der Zeit: «Herr *Domine,* wann ihr bei mir zu Nacht
essen wollt *in camera,* bei dem «Sackertauffkrisam»,
*charitatis, nos faciemus bonum Cherubin & geschirrium.
Ego occidi unum porcum, & ego habet bonum Vino
& tria oves*»[1] u. s. w. Wie weit das Fremdwesen
schon gediehen war, beweist die Herausgabe eines
Fremdwörterbuches von Simon Rothe im Jahr 1572.
Ueber seinen Inhalt gibt uns der Titel genügende
Klarheit: «Ein Teutscher *Dictionarius,* das ist ein
Ausleger schwerer, unbekannter teutscher, griechischer,
lateinischer, hebraischer, welscher und französischer,
auch anderer Nationen Wörter, so mit der Weil in
teutsche Sprach kommen seind und oft mancherlei
Irrung bringen: hin und wieder aus mancherlei Schriften und gemeiner Red zusammengelesen, ausgelegt und
also allen Teutschen, sonderlich aber denen, so zu
Schreibereien kommen und Amtsverwaltung haben,
aber des Lateins unerfahren seind, zu Gutem publi-
zirt.»[2] Kluge berechnet, dass ungefähr 2000 Fremdworte[3] darin vorkommen.

So sehn wir, wie das deutsche Volk, empfänglich
für jede Regung im Auslande, rückhaltslos das Fremde
übernimmt, wie gerade die Kreise, welche vermöge
ihrer Stellung und Bildung die Hüter der nationalen
Sprache hätten sein sollen, die Gelehrten und der
Adel, die eifrigsten Parteigänger der Fremdwörter —
und Ausländerei waren.

---

[1] Geschichtklitterung, 241.
[2] Erschienen Augsburg 1572.
[3] Von Luther bis Lessing. Strassburg 1888, S. 113.

II.

Dass diese Missachtung der deutschen Sprache von Seite der Gelehrten und der aristokratischen Kreise, dass diese absichtliche Sprachmengerei den Widerspruch patriotischer Männer hervorrufen musste, liegt · auf der Hand. Schon im 16. Jh. erhoben sich, wie ich angedeutet habe, Stimmen gegen dieses unsinnige Treiben, aber erst im 17. sollte die wirksamste Reaction gegen diese Barbarei, die in diesem Jahrhundert am tollsten ins Kraut schoss, ins Leben gerufen werden. Die erste, greifbare Form erhielt diese Opposition in dem Heidelberger Dichterkreis, der sich um Zinkgreff bildete. Wiedererweckung der deutschen Poesie : · · mit Anschluss an die Antike und Reinheit der deutschen Sprache, war das Losungswort. Der Ausbruch des 30jährigen Krieges aber sprengte diesen Kreis auseinander. Trotz alledem lebte der Gedanke, wirkte und brachte in der deutschen Litteratur eine grossartige Umwälzung hervor. 1618 gab Opitz seinen «Aristarchus» heraus und schon ein Jahr früher war die fruchtbringende Gesellschaft gestiftet worden: zwei Erscheinungen, die den Gang der deutschen Litteratur in diesem Zeitalter mächtig beeinflussen sollten, besonders aber Opitz, dessen Poesien mehr als zwei Menschenalter im Mittelpunkte aller deutschen litterarischen Bestrebungen standen. Mag man von den ästhetisch-dichterischen Leistungen O.'s halten, was man will, ein Verdienst wird ihm Niemand streitig machen, dass er es nämlich war, der der deutschen Litteratur und ihren Bestrebungen wieder Selbstbewusstsein einflösste. Von der hohen Mission der deutschen Sprache als Dichtersprache erfüllt, schreibt er schon in seinem Jugendwerke

«Aristarchus»: «Ingenium certe verborum nostrorum et tractus sententiarum ita decens est, ita felix, ut neque Hispanorum majestati, neque Italorum decentiae, neque Gallorum venustae volubilitati concedere debeat.» Wenn wir heutzutage von seinen Leistungen als Dichter kaum befriedigt werden, so dürfen wir nie vergessen, dass er seinen Zeitgenossen genügt. Wir können uns nur freuen, dass dieselben mit so magerer Kost vorlieb nahmen, denn hier handelte es sich in erster Reihe darum, der Mitwelt zu beweisen, dass man auch in deutscher Sprache dichten, und zwar vortrefflich dichten könne. Wenn Harsdörffer und mit ihm alle Andern die deutsche Muse «Opitzinne» nennen wollen, so führt uns das so recht klar vor die Augen, wie Opitz mit einem Schlage die Lage zu Gunsten der deutschen Sprache gewendet hatte.

Für uns bildet Opitz nur einen Uebergang zum eigentlichen Purismus. Ihm lag vor allen Dingen am Herzen, das Recht der deutschen Sprache auf die Poesie geltend zu machen, die Existenzberechtigung dieser Sprache in der Dichtkunst gegen alle Zweifler und Spötter zu beweisen. Aber eine natürliche Folge war, dass er, da er sich nun einmal in Gegensatz zur Ausländerei stellte, die Reinheit der Sprache ganz energisch forderte. Die Liebe zur Muttersprache führte ihn unbedingt zum Purismus. «Die Zierlichkeit erfordert, dass das Wort rein und deutlich sei. .. So stehet es auch zum heftigsten unsauber, wenn allerlei lateinische, französische, spanische und welsche Wörter in unsere Rede geflickt werden.»[1] Aber, wie seltsam und lächerlich diese Mengerei auch klingen mag, die Thorheit ist innerhalb weniger Jahre so eingerissen,

---

[1] Teutsche Poeterei, 39.

sich um die deutsche gar nicht bekümmert; nun kamen diese patriotischen Männer und machten das Recht der deutschen Sprache geltend. Man kann sich denken, mit welchen Hindernissen sie zu kämpfen hatten. Lateinisch gebildet und zum grössten Teil auch lateinisch denkend, sollten sie deutsch schreiben, eine Prosa, die für poetische Gefühle, Vorstellungen und Anschauungen wenig geeignete Ausdrücke besass, für wissenschaftliche Zwecke aber gar keine Fachausdrücke kannte. Das war eine gewaltige Arbeit. So dürfen wir uns auch nicht wundern, dass all' jene Leute, welche der Sprachreinigung kühl gegenüberstanden, Kunstausdrücke aus Sprachen herbeiholten, die ihnen geläufig waren. So bezeugt uns Leibniz, dass den Gelehrten die fremden Worte schneller einfielen als die einheimischen, weil dieselben ihnen geläufiger seien. [1]

Am schwierigsten also war die deutsche Spracharbeit für die Gelehrten. Es musste noch eine wissenschaftliche Prosa geschaffen werden. Hier konnte man sich nicht begnügen mit den begeisterten Lobeserhebungen auf die herrliche, deutsche Sprache, hier galt es thätig und rüstig zu schaffen. Hier mussten alle jene Fähigkeiten (Zusammensetzung und Ableitung), die man ihr nachrühmte, erst erprobt werden; hier sollte man beweisen, dass die Muttersprache wirklich fähig sei, die lateinische zu verdrängen. Dieser hohen Aufgabe waren sich die Männer der fruchtbringenden Gesellschaft sehr wohl bewusst. An rechter Ausarbeitung und gebührender genauer Untersuchung hat es bisher der deutschen Sprache gemangelt, schreibt Schottel. [2] Daher war von vornherein der Versuch vornehmer Herrn und

---

1 Ermahnung an die Teutsche . . ., 103.
2 a. a. O. 1245.

Fürsten, in Akademien und Fakultäten die deutsche
Sprache einzuführen, auf Sand gebaut; «zumal man
sofort Bücher wollen schreiben und darin allerhand
hohe Wörter und *terminos artium* verdeutschen, die
schwerer und unbegreiflicher gewesen, als das Ding
selbst, und hat man also *per obscuriora ac difficiliora*
etwas anbringen wollen, und weil keine richtigen *fundamenta quoad componendi atque derivandi principia*
vorhergegangen ... daher es zu gemeinem Missbehagen
ausgeschlagen. Gedenk, wann einer wollte in lateinischer
Sprache *rhetoricam, grammaticam, logicam etc. dociren*
und die *auditores* verstünden die *terminos* nicht, mit
was Lust und Nutz würde das geschehn? Also ist es
mit der deutschen bewant, ehe die Sprachkunst und
ein volles Wörterbuch (*grammatica atque lexicon*) nicht
vorhanden und angenommen ... ist bis dahin ein
guter Fortgang nicht zu hoffen.»[1] Man sieht, dass
Schottel den Kernpunkt der Frage getroffen, man sieht
aber auch, dass dieser redliche Sprachreiniger nichts
weniger als eine saubere Prosa schrieb. Auch die
andern Puristen haben sich des lateinischen Einflusses
nicht erwehren können: bald finden wir lateinische
Worte und Redewendungen, bald lateinische Anmerkungen (die sich selbst Zesen erlaubt), bald antik-
syntaktische Einflüsse auf die deutsche Satzbildung,
und endlich lateinische Flexion der Eigennamen. Das
sind alles Anzeichen eines mächtigen Ringens mit der
eingeimpften, lateinischen Denkart.

Fragt man, was diese Männer in ihrem Kampfe
gegen die eigene anerzogene Natur und gegen die
gewaltige Herrschaft des Zeitgeistes stärkte und stählte,
so erhalten wir vornehmlich eine Antwort: es war das

---

[1] Schottel, a. a. O. 1245.

trotzig erwachte nationale Selbstbewusstsein, die uner-/
messliche Liebe zur «edlen, reinen, prächtigen und
mächtigen, wortreichen Teutschen Haupt- und Heldensprache». Allerdings fanden sie in den gleichen Bestrebungen der Nachbarländer wirksame moralische
Unterstützung. Man sah, dass auch andere Nationen
sich beeilten, auf den Schatz der eignen Sprache zurück-
zugehn. Warum sollten dies nicht auch die Deutschen
mit einer Sprache thun, von der man sich begeistert
vorsagte, dass Gott in ihr sein grösstes Wunder gewirkt, [1] von der Harsdörffer [2] folgendes überschwänglich
verkündete : « Sie redet mit der Zunge der Natur, indem
sie alles Getön und was nur einen Laut, Hall und
Schall von sich giebet, wol vernehmlich ausdrucket;
sie donnert mit dem Himmel, sie blitzet mit den
schnellen Wolken, strahlet mit dem Hagel, sauset mit
den Winden, brauset mit den Wellen, rasselt mit den
Schlossen, schallet mit der Luft, knallet mit dem Ge-
schütze, brüllet wie der Leu, plerret wie der Ochs,
brummet wie der Bär, «becket» wie der Hirsch,
blöcket wie das Schaf, grunzet wie das Schwein, muffet
wie der Hund, rintschet wie das Pferd, zischet wie die
Schlange, mauet wie die Katz, schnattert wie die Gans,
quacket wie die Ente, summet wie die Hummel, kacket
wie das Huhn, klappert wie der Storch, kracket wie
der Rab', schwirret wie die Schwalbe, silket wie der
Sperling, und wer wollte doch das wunderschickliche
Vermögen alles ausreden!» Auch Adam hat in Folge
dieser Eigenschaften der Muttersprache zuerst deutsch
mit dem «Geflügel und allem Tier auf Erden» ge-

---

1 Vgl. Schottel, a. a. O., S. 58.
2 Gesprächspiele I, Zuschreiben..., S. 12.

sprochen. [1] Warum sollte man nicht auf eine Sprache
zurückgehn, von der ja die Gelehrten haarscharf bewiesen hatten, dass sie älter als Griechisch und Lateinisch, dass das Keltische, denn von diesem stammte
das Deutsche, vor den beiden klassischen Sprachen
eine Kultursprache gewesen, und dass diese von den
Deutschen entlehnt? Denn sie sagten, die alten Germanen haben die Römerwelt in Trümmer geschlagen
und es ist Naturrecht, dass der Besiegte vom Sieger
Worte und Sprache übernimmt. [2] Und nun gar die
modernen romanischen Sprachen! Sie sind doch nur
Bastardsprachen aus Latein und Deutsch, und diese
sollen wir unserer «reinen, unvermischten» Hauptsprache vorziehn! Wenn Franzosen, Italiener, Holländer und überhaupt alle Völker die Sprachreinigung
mit Eifer betreiben, soll da nur die deutsche Sprache
allein der Sack sein, in den alles Fremde hineingestopft
werden darf? Insoweit haben die gleichen Bestrebungen
im Auslande den deutschen-Purismus beeinflusst. In-
wieweit derselbe aber in den thatsächlichen Verdeutschungen im Auslande Vorbilder fand, kann ich nicht
näher bestimmen. Dass dies der Fall gewesen, erfahren
wir von den Puristen selbst. So haben sie von den
Holländern die Bezeichnung Klinggedicht für Sonette,
Wisskunst für Mathematik. Neben Frankreich und
Italien fand man also in den Bestrebungen der Niederlande ein nachahmungswertes Beispiel. In Holland

---

[1] a. a. O. 14. Das Onomatopoetische bewunderte die damalige
Zeit vor allem an der deutschen Sprache, und diese Worte sind das
klassische Glaubensbekenntnis jener Männer, sie finden sich beinahe bei jedem citirt — nur Gueinz macht sich über diese überspannte Thorheit, vor allem aber darüber, dass Adam deutsch
gesprochen habe, billig lustig.

[2] Harsdörffer, Specimen Philologiae Germanicae Disquis. IV,
§ 11.

sind auch die meisten Puristen gewesen und haben sich
da ihre grammatikalischen Kenntnisse erworben.
Reinheit und Fülle, Schwung und Elasticität der
deutschen Sprache zu geben, das war das Ziel, dem
die fruchtbringende Gesellschaft nachstrebte. Von diesem Gesichtspunkte betrachtet, wird man den Spott,
der gewöhnlich diesen Sprachverein zu treffen pflegt,
erheblich einschränken müssen. Es ist wahr, grosse
Geister sind aus ihrer Mitte nicht hervorgegangen, es
ist wahr, an den Namen des Palmenordens knüpft sich
keine bedeutende ästhetisch-litterarische Leistung, aber
— weist überhaupt dieses Jahrhundert eine solche auf?
So lange Fürst Ludwig von Anhalt lebte, so lange hat
die von ihm geleitete Sprachgesellschaft unschätzbare
Verdienste um die deutsche Dichtung. Den Satz, dass
sich eine Sprache nur an Uebersetzungen aus andern
Kultursprachen heranbilden könne, hatte die Gesellschaft wohl erkannt und drang in erster Linie darauf,
dass auf allen Gebieten der Kunst und Wissenschaft
das deutsche Wissen und Können vermehrt werde. [1]
Von der vollen Einsicht, mit welcher man diese Forderung befolgte, legt ein handgreifliches Zeugnis ab
die Flut von Uebersetzungen, mit denen nun der
deutsche Büchermarkt überschwemmt wurde.

Der oben angezogene Gedanke Schottels, dass die
Fremdwörterei erst dann mit Nachdruck bekämpft
werden könne, wenn die Sprache in festgeprägte Formen gebracht wäre, wenn sie einen festen Organismus
erhalten hätte, fand in den Verhandlungen der Gesellschaft die eingehendste Erwägung. Die Bemühung um
eine deutsche Sprachlehre, ein Wörterbuch und eine
Poetik, ist der rote Faden, der sich durch die Corre-

---

[1] Krause, a. a. O. 31.

spondenz des Erzschreines der fruchtbringenden Gesellschaft zieht.[1] Die Sprachlehren, welche Gueinz und
Schottel herausgaben, ist man berechtigt, als Veröffent-
lichungen des Palmenordens anzusehn.

Die fruchtbringende Gesellschaft wurde am 14. August 1617 in Hornstein (jetzt Wilhelmsburg) bei Weimar
gegründet, grade 100 Jahre nach der Verkündigung des
reinen Evangeliums und der Erweckung der neuhochdeutschen Schriftsprache durch Luther.[2] Fürst Ludwig
von Anhalt-Köthen war nach Weimar zur Begräbnis-
feier seiner Schwester, der verwittweten Herzogin von
Sachsen-Weimar, gekommen. Unter anderm wurde
das Gespräch auf die Bestrebungen der italienischen
Sprachgesellschaft «della Crusca» gelenkt und der Vorschlag gethan, «ob es nicht thunlich, dass in Teutschland
auch dergleichen Gesellschaft aufgerichtet . . . damit
unsere edle Muttersprache hinwieder in ihre uralte, ge-
wöhnliche und angeborne Teutsche Reinigkeit, Zierde
und Aufnehmen eingeführèt, einträchtig fortgesetzet,
von dem fremddrückenden Sprachenjoch befreiet, durch
alte und neue Kunstwörter befestiget . . . werde.»[3]
Der Gedanke erhielt greifbare Gestaltung, Ludwig
wurde zum Oberhaupte gewählt. Es wurde bestimmt,
dass stets ein Fürst die Leitung inne haben solle, damit er den Orden « vor Neidsüchtigen und Lästrern
schütze».[4] Eine bedeutungsvolle Bestimmung dies,
deren Wert man erst erkennt, wenn man die Abneigung, die in den höhern Kreisen gegen die deutsche

---

[1] Ein recht anschauliches Bild von dieser Thätigkeit der
Gesellschaft gibt Krause in seiner Einleitung zum Erzschreine.

[2] Um dem Purismus möglichst viel Gewicht zu geben, wird
diese Thatsache in allen einschlägigen Schriften betont.

[3] Neumarck, a. a. O. 13.

[4] Neumarck, a. a. O. 14.

Sprache und Litteratur herrschte, in Rechnung zieht.
Durch diese Gründung einer deutschen Sprachgesell-
schaft wurde die «bisher verachtete Volkssprache ge-
adelt». Die Fürsten wurden dadurch, dass sie wenigstens äusserlich einen Anteil an dieser deutschen Bewegung nahmen, Schutz- und Schirmherrn aller jener
Patrioten, welche in Wort und That das Recht der
Muttersprache geltend machten. Wie sehr man dieses
Schutzes in einem Zeitalter der «ungeheuersten Verleumdungen und Verfolgungen» bedurfte, beweist die
Thatsache, dass die Schriftsteller jener Zeit fast ohne
Ausnahme sich um die Aufnahme in den Orden heiss
bewarben[1] und dass man am liebsten mit der Em-
pfehlungskarte eines fürstlichen Namens schriftstellerisch
vor die Oeffentlichkeit trat. Innerhalb der kürzesten
Zeit zählte der Orden in allen Gegenden Deutschlands
und Oesterreichs[2] die Patrioten zu seinen Anhängern.[3]
Der Orden war eine Macht geworden im litterarischen
Leben Deutschlands. Ausser der oben erwähnten Thatsache, dass die Mitgliedschaft von den meisten Dichtern
erstrebt wurde, führe ich noch an, dass die Orthographie der Gesellschaft nicht nur von den «meisten Gelehrten», sondern auch von den «kaiser-, kur- und
fürstlichen Kanzleien» angenommen worden war.[4]
Fassen wir das Ziel dieser Gesellschaft in's Auge.
Dasselbe spricht sich im 2. § der Satzungen folgendermassen aus : «Zum Andern : Soll auch den Gesell-
schaftern vor allen Dingen obliegen, unsere hochge-
ehrte Muttersprache in ihrem gründlichen ·Wesen und

---

[1] Vgl. Krause, a a. O. 60 f., 103, 313, 392 f.
[2] Hoffmann v. Fallersleben, Findlinge, I, 5.
[3] Neumarck, a. a. O. 166. Krause, a. a. O. 20.
[4] Neumarck, a. a. O. 94 f. Krause. a. a. O. 346.

rechtem Verstande ohn Einmischung fremder, aus-
ländischer Flickwörter, sowohl im Reden, Schreiben,
Gedichten auf's allerzierlichste und deutlichste zu erhalten und auszuüben...»[1] Diese. Forderung hat die
Gesellschaft zu Lebzeiten Ludwigs energisch durchzuführen gestrebt. Wenn man den Briefwechsel, den
Krause veröffentlicht hat, durchliest, muss man darüber staunen, wie aufrichtig diese Männer ihre Aufgabe erfassten. Es finden sich zwar Fremdworte, aber
in ganz verschwindend geringer Anzahl, was um so
höher anzuschlagen ist, als ja gerade die Briefe der
Sammelplatz für all' derartige exotische Wortgewächse
sind. Die ernsten Vermahnungen, welche Ludwig ver-
schiedenen Mitgliedern wegen Gebrauchs fremder Worte
oder gar Sprachen erteilte, lassen deutlich die Energie
erkennen, mit der man die Sache betrieb.[2] Aber deshalb erklärte man dennoch nicht allen Fremdworten
den Krieg, Ludwig sagt ausdrücklich, dass «Alles mit
gutem Bedacht ausgeführt .sein wolle». Die wichtige
Frage, die wir auch bei Schottel und Harsdörffer
wiederkehren sehen, ob der Gebrauch und die Gewohnheit absolute Gesetzgeber in der Sprache seien, oder
ob einer missbräuchlichen, falschen Ausübung energisch gesteuert werden müsse, wird eingehend erörtert.[3]
Ueber die Frage, ob für fremde Worte gegebenenfalls
alte, «verlegene» oder auch mundartliche Ausdrücke gebraucht werden dürften, suchte man in schriftlichem
Meinungsaustausch Klarheit zu verbreiten.[4] Alle diese
Verhandlungen leitete kritisch-verständnisvoll das Ober-

---

[1] Neumarck, a. a. O. 52.
[2] Vgl. Krause, a. a. O. 35, 62, 333 f., 341 f.
[3] Krause, 101 f., 235 f.
[4] Krause, 101 f., 114 f.

haupt Fürst Ludwig. An ihn wurden die Schriften,
welche im Namen der Gesellschaft veröffentlicht werden sollten, gerichtet, ein Beweis dafür, wie berechtigt
man ist, von den Publikationen der einzelnen Mitglieder
einen Teil auch der fruchtbringenden Gesellschaft zu-
zuerkennen. [1] Einer gemeinsamen Kritik unterzog man
die Arbeiten der einzelnen Genossen. Gerade die Verdeutschungen suchte man durch geklärte, überein-
stimmende Annahme zu sichern. Man sah ein, dass
einhelliger Gebrauch eine unbedingte Forderung für
den Fortschritt sei. Auf die Weise wurde eine uni-
formirende Censur geübt, wurde einer Zersplitterung
der Meinungen, die ja gerade hier am leichtesten mög·
lich ist, wirksam vorgebeugt. [2] So kann man sagen,
dass die deutschen Kunstausdrücke Schottels durch
diesen Vorgang eine gewisse Lebenskraft erhielten,
denn sie wurden für die ganze Gesellschaft bindend
und bei neugeschaffnen Worten kommt es ja vornehmlich auf den häufigen Gebrauch an. Harsdörffer sagt
mit Recht, die Wörter gleichen den Rechenpfennigen,
«wie man sie legt, so gelten sie, wie man sie gebraucht,
so müssen sie verstanden werden.» [3]

Dies sind die Verdienste der Gesellschaft als solcher um den Purismus und um die Verdeutschung
grammatikalischer Bezeichnungen. Es sind mehr theo-
retisch-ideale. [4] Der Orden als Ganzes wirkte befeue-

---

1 Vgl. Krause, 213, 246 ff., 340 ff., 387 ff.
2 Vgl. Krause, 293 ff., 361, 379 f., 387 ff., 395 ff.
3 Gesprächspiele, II, 180 f.
4 Selbstverständlich wurden für die ceremoniellen Handlungen,
die man nur zu oft vornahm, bei etwaigem Mangel an deutschen
Ausdrücken neue geschaffen: so hiess man die Aufnahme das
«Einhänseln», das Bekräftigen der Satzungen «Verhandfestung»;
Ceremonie, «Ehrengeprüngstreit», den Secretarius «Erzschrein-
halter».

rend, aneifernd auf die einzelnen Mitglieder und hatte
also nur mittelbare Verdienste um die thatsächlichen
Neubildungen im deutschen Wortschatze. Dies ist aber
auch das Höchste, was eine derartige Genossenschaft
auf dem Felde gemeinschaftlicher Thätigkeit erreichen
kann, denn ihre Leistungen haben den letzten Grund
doch immer nur in den Köpfen Weniger. Dass aber
die hervorragendsten Puristen unter dem Banne jenes
Geistes standen, den der Palmenorden hervorgerufen,
dafür seien noch folgende Belege angeführt : Schottel
sagt[1] : Alle *regulae* sowie *termini artis* sind «der fruchtbringenden Gesellschaft halber mit lauter teutschen...
Worten wiedergegeben». Harsdörffer hat seine Gesprächspiele, die auch puristische Zwecke verfolgten,
der fruchtbringenden Gesellschaft zu Liebe geschrieben.[2]
Wie diese Sprachgemeinschaft[3] die edle deutsche Muttersprache aus «dem Schlamme des Verderbens und
der Vergesslichkeit» emporgehoben, darüber hat die
Welt sich stets gewundert, schreibt Zesen 1669, als
er schon längst mit diesem Orden zerfallen war, und
seine eigne Genossenschaft bezeichnet er als Vorstufe
zur Sprachgesellschaft Ludwigs. Und endlich Moscherosch schiert sich um eine ganze Welt von Gift
und Neid nichts, wenn nur der Palmorden, dessen
Urteil er nächst Gott am höchsten stellt, seine Gedichte gut heisst.[4] Derartige Beweise liessen sich noch
viele aus den Schriften dieser Sprachreiniger beibringen.
Sie würden alle die Thatsache beweisen, dass erst
durch die Gründung dieser Gesellschaft die deutsch-

---

1 a. a. O. 2.
2 Uebereignungsschrift zum II. Band der Gesprächspiele.
3 Das hochdeutsche Heliconische Rosenthal..., 13 f.
4 Philanders Gesichte, I, Vorrede.

sprachliche Bewegung in Fluss und in zweck- und
zielbewusste Formen gebracht wurde.

Am Schlusse dieser Erörterung ist es angezeigt,
einige Worte über das Verhältnis des Ordens zum
Hyperpurismus Zesens zu sagen. Ich habe schon oben
angedeutet, dass man nicht alle Fremdworte ausrotten
wollte. Gerade in Ludwig und den bedeutendern Ge-
sellschaftern fand Zesen seine heftigsten Gegner. Sie
haben mit seinen Ueberspanntheiten nichts zu thun,
ihnen darf man den Vorwurf der Masslosigkeit nicht
machen. Man sah wohl ein, dass ein zu scharfes Vor-
gehn der Sache nur schaden könne. Man war allerdings
bemüht, den unruhigen Kopf Zesens ins Gleichgewicht
zu bringen, denn man hielt ihn für eine bedeutende
Kraft in der Spracharbeit.[1] Als sich aber Zesen nicht
beirren liess, da brach man jegliche Gemeinschaft ab.
Mehrere Verwirrung habe Niemand in die deutsche
Sprache gebracht, als Zesen und seine Genossenschaft,
durch ihre «überflüssigen Klügeleien», schreibt Ludwig.[2]
Diese Neuerungen werden von der Gesellschaft und
andern verständigen Männern nie gut geheissen werden
und unter dem Namen des Ordens darf er sie nie
wieder in Schriften an den Tag geben, «sonsten müsste
ihme hierunter öffentlich widersprochen werden.»[3]

Harmonische Ausbildung der deutschen Sprache,
das war das Ziel der Gesellschaft. Solange Ludwig
lebte, hat dieselbe ernsthaft und arbeitsfroh an der
Verwirklichung dieses Ideals gearbeitet. Sympathisch
muss der edle Eifer berühren, mit dem man die Sache
anfasste. Zeugt das nicht von der grössten Liebe für

---

[1] Krause, 339 f.
[2] Krause, 424 f.
[3] a. a. O.

die Muttersprache, wenn in diesen Zeiten des konfes-
sionellen Haders, des grossen religiösen Krieges, sich
Lutheraner, Calviner und Katholiken in edler Begeisterung um das Banner der Wiedererweckung der reinen
deutschen Sprache schaarten? «Es ist bisher noch
keiner mit dem Namen eines Calvinisten, sondern als
ein guter Christ in die Gesellschaft auf- und einge-
nommen worden.»[1] Auch den Standesunterschied liess
man fallen, die neuen Namen, die man sich gab, sollten
jedem Mitgliede nur den Zweck seines Strebens, das
Ziel seiner Thätigkeit in Erinnerung bringen. Man
kannte hier nur einen geistigen Adel.[2] Weisheit und
deutsche Treue, das waren die Grundpfeiler des Ordens.
So war es zu Ludwigs Lebzeiten. Mit seinem Tode
(† 1650) aber trat eine tiefgreifende Aenderung ein.

Die fruchtbringende Gesellschaft war im Laufe der
Jahre gewaltig angeschwollen, zu einer Grösse, die ihr
nur verderblich werden konnte. In der That sank dieselbe nach dem Tode Ludwigs sehr schnell von ihrer
einstigen Höhe. Das Formelwesen, das schon zur Zeit
des Anhalters üppig geblüht hatte, überwucherte nunmehr alle idealere Arbeit. Liest man Neumarcks Buch
über den Orden, so findet man eine erschreckliche
Leere seit dem Tode Ludwigs. Er weiss seit 1650 thatsächlich über die Gesellschaft nichts Anderes zu berich-
ten als vom «Einhänseln». d. i. Aufnahme von Mitgliedern, vom folgenden Festessen und Trinken und
den offiziellen Reden. Es muss doch sehr viel Wahr-
heit an dem Geklatsch der bösen Zungen gewesen sein,
die den Orden eine «Saufgesellschaft» nannten und die

---

[1] Krause, 81.
[2] Krause, 99.

Frage aufwarfen, was er eigentlich noch bezwecke?[1]
Schreibt doch schon Harsdörffer 1657 : «Teutschherzig
davon zu reden hat der Palmbaum sich weit ausge-
breitet, ermangelt aber der unfruchtbaren Aeste nicht,
und scheinet, es werde von dem ersten Vorsatz weit)
abgewichen.»[2] Und ein Jahrzehnt später berichtet ein
Freund Zesens, dass die Mitglieder der fruchtbaren
Gesellschaft für längst übliche deutsche Worte fremde
gebrauchen und «oft einen recht geflickten Bettlers-
mantel der edlen Mutter zum Hohn und zum Spott zu
Markte bringen.»[3]

In Nachahmung des Palmordens schossen in ver-
schiedenen Gegenden Deutschlands ähnliche Sprachgesellschaften[4] empor. Da aber diese als solche wenig
Bedeutung erlangt und mit dem Tode ihres Stifters
auch sie in Nichts zusammenfielen oder ein armseliges
Dasein weiter fristeten, werde ich dieselben mit ihrem
Gründer zugleich anführen, um so mehr, als sie ja nur
eine besondere Art der puristischen Bethätigung dieser
Männer bezeichnen. Diese Gesellschaften haben insoweit
einen Wert, als sie auf genossenschaftlichem Wege
die Gedanken einer deutschen Sprachreinigung in .
grössere, breitere Kreise zu tragen suchten.

---

[1] Neumarck, a. a. O., Vorbericht an den Leser.
[2] Hoffmann v. Fallersleben, Findlinge, I, 18.
[3] Zesen, Hochdeutsche Helichonische Hechel, Schreiben des
Wohlriechenden.
[4] Vgl. Schulz, Otto, Die Sprachgesellschaften des 17. Jahrhunderts. Berlin 1824.

III.

Bevor ich zu den hervorragendsten Vertretern des
Purismus, den ausgezeichneten Männern der fruchtbringenden Gesellschaft übergehe, zu den Männern,
welche dieser Bewegung Gehalt und Leben gaben,
erwähne ich den Kampf jener Patrioten, welcher nicht
nur ein sprachliches, sondern auch ein kulturgeschicht-
liches Interesse in Anspruch zu nehmen berechtigt ist,
jenen Kampf, der sich gegen die gesamte Ausländerei
und die, durch dieselbe bedingte sittliche Entnervung
des deutschen Volkes richtet. Aber die Bekämpfung
des Fremdwortes bildet das hervorragendste Glied,
denn die Neigung und Vorliebe der Deutschen für
fremde Sprachen und Worte bezichtigte man der Hauptschuld an der gesamten Ausländerei jener Zeit. Es ist
allerdings nicht zu leugnen, dass auch Schottel und
Harsdörffer entschiedene Gegner von Alamode — unter
welchem Namen man die gesamte Fremddienerei des
deutschen Volkes zusammenfasste — waren, aber ihre
Hauptaufmerksamkeit konzentrirte sich dennoch nur
auf die sprachlich-grammatikalische Seite des Purismus.
Während der Palmenorden und seine hervorragendsten Vertreter gegen die Strömung ankämpften,
die sich auf gelehrtlateinischen Ursprung zurückführen
lässt, haben es Moscherosch und Genossen mit der
Beseitigung der Ergebnisse jener Bewegung, deren
Vorbedingungen wir in der gesellschaftlichen Abhängigkeit der höhern Stände von Frankreich fanden, zu thun. Diese zweifache Art von Fremdwörtern bedingte eine doppelte Kampfesweise. Schottel
und seine Freunde gingen, wenn ich mich des Ausdrucks bedienen darf, aggressiv vor. Ihnen erwuchs die

Aufgabe, für Begriffe, die im Deutschen keinen decken-
den Ausdruck hatten, neue Bezeichnungen zu schaffen.
Anders Moscherosch und die gleichgesinnten Patrioten.
Sie hatten das deutsche Wesen und die deutsche Kultur
vor welscher Ueberschwemmung zu schützen, denn dieselbe machte immer grössere Fortschritte. Selbst deutsche
Worte, klagt des Spachverderber, erhalten fremden
Anstrich,[1] auch hat man sich schon längst daran gewöhnt, für gute deutsche Worte fremde zu gebrauchen,
denn diese klingen unserm Ohre lieblicher.[2] Noch
vor wenigen Jahren kannte Jedermann das Wort
« Irrstern », heute aber spricht man nur von Planeten,
das deutsche Wort ist uns fremd geworden.[3] Gegen
derartige Schäden konnte man nur mit Spott und Hohn
ankämpfen. Die Satire war hier die einzig geeignete
Waffe. Alle Liebhaber der deutschen Sprache müssen
dieser Seuche entgegenarbeiten, «die selbsteingebildeten
welsche und französische Aufschneider mit scharfen
satirischen Schriften (denn eine gelinde Lauge wohl
diese böse Krätze nicht wegnehmen) ohnverzagt angreifen.»[4]

Es ist ein wahrer Satz, den die Geschichte lehrt,.
dass, da in der Sprache das geistige Leben eines Volkes
sich abspiegelt, mit dem Verfalle des Volkes auch der
der Sprache gegeben ist und umgekehrt. Dieser Gedanke findet sich bei allen Puristen. Darum drängten
sie so energisch auf die Bewahrung der sprachlichen
Reinheit. Ein Verächter der Muttersprache .wird nur
zu leicht ein Verächter seines Volkes.[5]

---

[1] Der unartig Teutscher Sprachverderber, 25.
[2] Sprachverderber, 30.
[3] Sprachverderber, 38.
[4] Rist, Rettung der edlen Teutschen Hauptsprache.
[5] Moscheroschs Gesichte, II, 79.

Auch ein psychologisches Interesse ist dieser Kampf in Anspruch zu nehmen berechtigt: auf der einen Seite die glühende Liebe für das herrliche deutsche Volk, von dem man weiss, dass es eine grosse Vergangenheit gehabt, von dem man wünscht und ahnt, dass es trotz aller Stürme des Tages nicht untergehn werde, die begeisterte Anhänglichkeit an die herrliche deutsche Sprache — und auf der andern Seite die schmachvolle Zerfleischung und Knechtung des geliebten Vaterlandes,[1] die Verrohung der Sprache durch die Schuld der Deutschen und endlich die geradezu scheussliche Entsittlichung des Volkes. Dazu kommt nun noch der trübe Ausblick in die Zukunft. Die Jugend, die die Zukunft des Volkes in sich trägt, sie segelt auch mit vollem Winde dem Verderben zu,[2] sie geht nach Frankreich und kommt französisch an Gesinnung, französisch im Herzen nach Hause. So erklärt sich auch jenes pessimistische Sichvergraben in die alte germanische Vergangenheit, jenes Schwelgen mit Bildern aus dieser Zeit. Die alten Germanen sind der « feste Fels », wir aber das «flüchtige Wasser». Unsere Vorfahren wurden die Herren des gewaltigen Römerreiches, wir aber tragen, politisch, sittlich und geistig das welsche Joch. Einfach und bieder an Gesinnung, Sitte und Kleidung, treuherzig und frei gegen Feind und Freund, so waren unsere Heldenväter. Wie ganz anders ist die heutige Welt! « Was sind unsere von den Franzosen kommende oder ziehende und die Franzosen liebende Teutschlinge anderst, als *effeminatissima virorum pectora?* (Gott verzeihe mir, weil ich die uns feindselige Sprach mit untermische),

---

[1] Vgl. Moscherosch, Gesichte, I, 3 f.
[2] Moscherosch, Gesichte, II, 12 f. Ehrenkranz, 295.

welche kein eignes Herz, kein eignen Willen, kein
eigene Sprache haben; sondern der Welschen Willen
ist ihr Willen, der Welschen Meinung ihre Meinung,
der Welschen Rede, Essen, Trinken, Sitten und Geberden, ihr Reden, ihr Essen und Trinken, ihr Sitten
und Geberden, sie seien nun gut oder bös.»[1]

Behält man dieses im Auge, so wird man den
Radikalismus, in den sich Manche verloren, erklär-
lich und verzeihlich finden. Diese Männer wussten,
dass sie ein Uebel zu bekämpfen hatten, das an Leib
und Seele des deutschen Volkes zehrte. Für den hohen
sittlichen Ernst, mit dem man gegen das Fremd-
wörterwesen zu Felde zog, legen zwei Flugblätter aus
dieser Zeit ein beredtes Zeugnis ab; sie sind in Versen
abgefasst, damit sie aber um so zündender auf die
breite Volksmasse wirken, sind sie nach dem Rhyth-
mus einer bekannten Melodie (wohl Kirchenlied) sang-
bar gemacht worden.[2] Ihr Inhalt beschränkt sich auf
die Aufzählung der Fremdworte der gesellschaftlichen
Kreise.

Moscherosch nimmt innerhalb dieser Gruppe eine
ähnliche Stellung ein, wie Schottel sie auf dem Gebiete der ausschliesslich litterarischen Bewegung inne
hatte. Um ihn gruppieren sich alle jene Männer, die
gegen Sprach- und Sittenverderbnis zugleich ankämpfen.
Seine satirischen Gedichte sind eine unerschöpfliche
Quelle, aus denen sich ein Jeder ein Teil seines Rüst-
zeugs für die eignen Strafgedichte holte. Dies beweist,
wie Moscheroch allen jenen ehrlichen, biedern Na-
turen, die mit Wehmut der vergangenen, herrlichen

[1] Moscherosch, a. a. O. 93 f.
[2] Vgl. Weimarisches Jahrbuch, II, 206 ff.; ein ähnliches im
I. B., 296 ff. d. Weimarschen Jahrb.

Tage des deutschen Volkes gedachten, aus dem Herzen
gesprochen, ihnen die Zunge gelöst hatte. Aber seine
«satirischen Gedichte» wurzeln ganz in jener Zeit, sie
sind ein bedeutsames Zeichen dafür, dass es ausser
den Puristen noch eine mächtige Strömung gab, die
mit dem sprach- und sittenverderbenden Zeitgeiste —
allerdings vergeblich — rang. Ein beredtes Zeugnis
hiefür legen die vielen Auflagen, die mannigfachen
Plagiate, die am Buche verübt wurden, ab. «Diese
Traumgesichte sind von den neugierigen Leuten so
beliebet, dass sie nunmehr zum fünften Mal aufge-
leget werden und haben fast mehr Früchte gebracht,
als manches Bet- und Predigtbuch», schreibt im Namen
der fruchtbringenden Gesellschaft Gustav Hille.[1]
Moscherosch legt seinem Philander die Eigenschaft
eines «Federwisches» bei, mit welchem das Unreine
an seinen Ort abgeführt und abgefeget werden soll.[2]
Er selbst gebraucht in seinen Satiren ziemlich viele
· Fremdworte, aber mit Absicht. «Der Weise sagt:
Ein Maler, so er einen Thoren malete und gebe ihm
die Gestalt und Farben eines Klugen, das wäre nicht
ein meisterlich Stück, der ist aber ein Meister, der
einen Thoren auf das allerthörichste malet.» Daher sind
die Gesichte mit Griechisch, Lateinisch, Französisch,
Welsch und Spanisch durchspickt.[3] Dieses ist überhaupt die Art der uns interessierenden Satire. Durch
ungeheure Häufung der Fremdworte, durch Ueber-
sättigung suchte man Alamode lächerlich zu machen.
Leider aber werden dieselben oft so massenhaft zu-

·

---

[1] Vgl. Moscherosch, Gesichte, II, 899.
[2] Widmung des I. B.
[3] Gesichte. I, 699 f.

sammengestoppelt, dass sie die Aufmerksamkeit abstumpfen und die Wirkung verlieren.

Neben Moscherosch verdient für diese Zwecke unsere volle Würdigung und Aufmerksamkeit die Schrift eines Ungenannten: «Der unartig, Teutscher Sprachverderber» vom Jahre 1643, eine Schrift, die ganz aus nationalen Bedürfnissen herausgeschrieben ist. Die knappe, markige Form, die das Ding stets beim richtigen Namen nennt, mit bestimmtem Fingerzeig die Krebsschäden der Sprachunsitte aufdeckt, hat ihre Wirkung nicht verfehlt, wie dies die nachfolgenden Werkchen beweisen:. «Teutscher, unartiger Sprach- Sitten- und Tugendverderber» aus dem Jahre 1644 ist ein wörtlicher Abdruck des oben genannten Sprachverderbers mit bedeutenden, aber wenig vorteilhaften Erweiterungen und Hinzufügung einer Kritik der damaligen Sittenverderbnis. Die «Newe ausgeputzte Sprachposaun», erschienen 1648, ist ebenfalls ein Abdruck des Sprachverderbers mit wenigen Zusätzen. Ferner ist man berechtigt anzunehmen, dass der zu Strassburg 1644 gedruckte «Ehrenkranz der Teutschen Sprach» ebenfalls durch den Sprachverderber veranlasst wurde, denn‘ der Verfasser kündet gleich Anfangs an, dass er die Resultate desselben einer genauen Prüfung[1] unterziehn wolle — und gelangt mit geringen Ausnahmen, in denen er den Verfasser des Sprachverderbers des puristischen Radikalismus beschuldigt, zu denselben Ergebnissen.

Wer der Verfasser dieses tüchtigen Schriftchens war, lässt sich nicht entscheiden, soviel steht fest, dass es ein Mann war, der tief die Verdorbenheit der zeitgenössischen Sprache und Litteratur fühlte, dem die

---

[1] Ehrenkranz, 8.

Entrüstung über die damaligen Zustände die Feder
führte. Reinhold Koehler war geneigt, die Autor-
schaft Moscherosch zuzuerteilen, ich kann aber dieser
Annahme nicht beistimmen.[1]
Die Ueberflutung von Seite des Auslandes, insbesondere Frankreichs, hatte immer mehr um sich ge-

---

[1] R. Köhler beruft sich « Archiv für Litteraturgeschichte»,
I. B., 291 ff., auf einen Zusatz, den Moscherosch dem von ihm
herausgegebenen Buche Georg Gumpelzhaimers *Gymnasma de
exercitiis academicorum (Argentinae 1652)* beigefügt hat. Derselbe lautet, S. 117: *Talis ineptae variegationis et ex latina
aliisque lingua concrepitationis exemplum delectationis ergo
allatum vide in Menippo Dialog. 59 p. 106 et* in den Frauenzimmer Gesprächspielen *Nobilissimi Harsdorfferi Patricii Norim-
bergensis*: in dem Teutschen Palmbaum *Illustris Caroli Gustavi
von Hill*, und in dem *Baptista Armato* des edlen kaiserlichen
Poeten Herrn Joh. Risten : wie auch in meinem Sprachverderber.
Auf diese Aeusserung «wie auch in meinem Sprachverderber»
gestützt, meint Köhler, dass die im Jahre 1643 erschienene anonyme Schrift «Der unartig, Teutscher Sprachverderber» von
Moscherosch herrühren könnte, weil eine derartige Schrift unter
dem Namen M.'s nicht existiere. Dieser Annahme nun scheint
mir folgendes zu widersprechen : Die Ansicht Moscheroschs über
Fremdwörterei ist ganz verschieden von der des «Sprachverderbers»: Moscherosch ist sehr gemässigt, der Sprachverderber
dagegen radikal. Ersterer sagt, die Adligen, die Leute bei Hof,
die Krieger und Gelehrten können je nach eignem Geschmacke
die Fremdworte gebrauchen, nur dem Bauern und dem Bürgers-
mann und allen Ungebildeten verwehrt er dieselben (vgl. Gesichte,
I, 703 ff.); der Sprachverderber dagegen will überhaupt keine
Fremdworte dulden, weder beim Adel, noch beim Gelehrten,
noch beim Krieger. Gegen diesen Radikalismus wendet sich auch
der «Ehrenkranz». Er schreibt, der Sprachverderber verdiente
Lob, wenn er nicht «allzugemein» vorgegangen wäre (Ehrenkranz, 8). Nun ist dem Ehrenkranz ein Lobgedicht Moscheroschs
vorgedruckt, in dem sich Moscherosch als guter Freund des
Verfassers dieses Buches bekennt. Es wäre nun recht sonderbar,
wenn Moscherosch einer Schrift, die «seinen» Sprachverderber
einer ziemlich scharfen Kritik unterzieht, ja ihm recht unliebens-
würdige Dinge sagt (vgl. Ehrenkranz, 331 f.), dass er also einer
solchen Schrift noch einen Empfehlungsbrief mitgäbe und somit
auch das wegwerfende Urteil über seinen Purismus unterschriebe.

griffen. Die Ansätze der Fäulnis und Verderbnis, wie
wir sie im 16. Jh. fanden, hatten sich üppig entwickelt
und im sprachlichen, wie im sittlichen Leben der Nation bedenkliche Erscheinungen zu Tage gefördert.
Dass die jammervollen Zeiten des 3ojährigen Krieges
mit seinem militärischen Völkergemenge recht befruch-
tend für Alamode wirkten, liegt auf der Hand.[1] Aber
zu diesem Schicksale, dem Deutschland nicht entgehn
konnte, kam noch die eigne Schuld hinzu. Die Doppel-
schneidigkeit der deutschen Empfänglichkeit und hin-
gebenden Verständnisses für das Fremde, zeigte sich gerade jetzt verhängnisvoll für das Volksleben. «Der
langwierige Krieg, das leichte Kippgeld, haben grosse
Dinge gethan zu unserem Untergang, aber die Neu-
süchtigkeit des *à la mode* thut viel ein Mehres und wird
uns noch den Garaus machen.»[2] Alle Völker pflegen ihre
nationale Eigentümlichkeit, nur der Deutsche nicht.
Jedes Land ist stolz auf seine Sprache, seine litterarischen Schätze — nur der Deutsche nicht;[3] er ist der
Einzige, der das Fremde besser kennt, als das Einheimische, er kümmert sich nicht darum, ob dieser
Liebe Müh' auch erwiedert wird. Was schiert sich
der Franzose viel um deutsche Sprache und deutsches
Wesen? Fühlt ihr diese Verachtung nicht? Wo ist
euer Nationalstolz? klingt es oft erbittert aus dem Lager
dieser Patrioten.[4]

Der übergrossen Reiselust, die schon Opitz in
seinem Aristarchus beklagt, wird eine Hauptschuld an

[1] Vgl. Moscherosch, Gesichte, I. 3 f., 15. Leibniz, Unvorgreifliche Gedanken, 53.
[2] Moscherosch, Gesichte, II, 18; 79, 875.
[3] Sprachverderber, 2.
[4] Vgl. Rist, Rettung...; = Ehrenkranz, 142.

dem Niedergange der Sprachreinheit und des national-
deutschen Wesens beigemessen. Durch sie ist «unser
liebwertes Vaterland» mit «fremden Lastern so angefüllt worden, dass zu besorgen, Gott könne diesen
Greuel nicht länger besehn, sondern werde uns zu
nichte machen.»¹ Dünkelhaft, eingebildet kehrt ein
solcher «Neusüchtling» heim und verachtet das redlich-
echte Deutsche.²
Sehn wir uns nun ein wenig in diesen Alamode-
kreisen um. Da fällt uns zuerst die buntscheckig
wechselnde Tracht der Männer und Frauen auf, die
mit jedem Mondwechsel ein anderes Gesicht zeigt.
Bald hat man einen «Ankenhaffen»-hut, bald einen
Zuckerhut, bald einen Cardinals-, bald einen Schlapp-
hut. Hier ist er aus Geisenhaar, dort aus Kameels-
haar, da Affen- oder Narrenhaar.³ Wamms, Hosen,
Stiefel und Schuhe bleiben in diesem phantastischen
Wechsel auch nicht zurück.⁴ Der schöne, volle Haar-
schmuck wird ebenfalls alle Monat, alle Wochen «be-
ropft, bestimmelt, bestuzt»! Ja, alle Tag und Morgen
mit Eisen und Feuer «gepeinigt, gefoltert, gemortelt,
gezogen und gezerrt», «jetzt, wie ein Zirkelbärtel, jetzt
ein Schneckenbärtel, bald ein Jungfrauenbärtel, ein
Teller-, ein Spitz-, ein Maikäferbärtel, ein Entenwädele,
ein Türken-, Spanisch-, Italienischbärtel u.s.w. u.s.w.⁵
Wie war es doch vor Zeiten anders! Als man da
einen teutschen Schweizer frug, warum er einen so
langen Bart hätte, da sagte er: «damit, dass, wann ich

¹ Moscherosch, Gesichte, I. 9; II, 12 f., 266. Schottel, u. a.
O. 130.
² Teutscher, unartiger Sprach- Sitten u. Tugendverderber, 2.
Harsdörffer, Gesprächspiele, II, 180.
³ Moscherosch, II, 72.
⁴ Harsdörffer, Gesprächspiele, I, 96 f.
⁵ Moscherosch, II, 77.

diese Haar ansehe, ich gedenke, dass ich ein Mann
seie und kein Weib . . .»[1]
Noch schlimmer aber sind die Weiber und vor-
witzigen Frauenzimmer, die nicht leben können, «sie
haben dann was Neues von Tracht erfunden.»[2] Besonders aber muss man diese Thorheit den fürstlichen
und gräflichen Frauen heimschreiben, die nicht nur auf
Kosten der armen Unterthanen neue Kleidungen kaufen,
sondern ihre Hofschneider nach Paris schicken, «dass
sie solche neue Narrentrachten allda erlernen und er-
denken mögen.»[3]
Nicht besser ist es um die Sprache bestellt. Wenn
das Herz eines solchen «neusüchtigen Teutschlings»
gesehen würde, so würde man sicherlich finden, dass
fünf achtel französisch, ein achtel italienisch und eins
spanisch und kaum ein achtel deutsch sei.[4]
Wie weit dieser Fremdwörterbarbarismus gediehn,
davon geben uns die oben genannten Strafschriften
farbenreiche Bilder, zu deren nähern Skizzirung ich
nun übergehe.
Der Adel war selbstverständlich auch jetzt, wie am
Schlusse des vergangenen und zu Anfang des 17. Jh.,
der Hauptvertreter dieser verwelschten Deutschen. Ein
guter Gesell, der sich des puren Teutschen befleissigt,
wird ein unverständiger Esel gescholten; will man bei
hohen Herrschaften einen Dienst haben, so muss man
tanzen, wie sie pfeifen,[5] denn diese «Sennores» schämen
sich ihres Vaterlandes und seiner Sprache.-[6]

---

[1] Moscherosch, a. a. O., II, 77.
[2] Moscherosch, II, 14.
[3] Moscherosch, I, 87.
[4] Moscherosch, I, 679; vgl. auch Sprachverderber, 1.
[5] Moscherosch, II, 125 f.
[6] Moscherosch, II, 184.

Der Kaufmann zieht in fremde Lande und bringt mit fremden Waaren auch fremde Worte mit. Kaum hat er nach Frankreich hineingeguckt, so verunreinigt er die Sprache und zerhackt mit seiner schweren teutonischen Zunge das leichtflüssige gallische Idiom.[1] Er sagt: *ma foi, par ma foi, par Dieu.*[2] Jeden Bärenhäuter heisst er *monsieur* und ist der *serviteur monsieur's, son frère.*[3] Salbungsvoll steht in seinen Briefen obenan: *Deo sit laus semper!* Jawohl — würden sie sich nur daran halten, dann gäb' es weniger Wucherer und Schuldner und Uebervorteilung, aber im falschen Gemüte heisst es: *fraus tibi semper.* Ist je so viel gelogen und betrogen worden, als jetzt?[4]

Selbst das Kriegshandwerk, in dem die Deutschen stets die Meister waren, wird jetzt romanisirt. Von den Franzosen übernahm man Wort und Kunst, und die guten, alten deutschen Ausdrücke traf hier, wie auch sonst, das gleiche Schicksal, sie wurden von den französischen und spanischen verdrängt. « Die Haufen müssen *trouppen* heissen, arbeiten *travailliren,* die armen Leute plagen *tribuliren,* Hilfe oder Beistand *Assistenz,* das grobe Geschütz, Feuerwerk und was sonst mehr dazu gehöret, *Artillerie,* die Feldschlangen *Serpentinen,* das Wachthaus *corps de garde,* die Flucht nehmen oder zurückweichen *reteriren,* die Fahnen *Standarten,* erquicken *refraichiren,* dem Feinde entgegenkommen *rencontriren,* Bindnusse *Allianzen,* die Festungen schleifen *demoliren,* Schlachtordnung *bataille,* den Feind angreifen *chargiren,* die Besatzung *guarnison,* die Fütte-

---

[1] Sprachverderber, 2 f.
[2] a. a. O.
[3] a. a. O.
[4] Sprach-, Sitten- und Tugendverderber, 6 f.

rung *fourage*, das Ausrüsten *montiren*, das Kriegen *militiren*, das Einnehmen *occupiren* u. s. w. u. s. w. Wer könnte alle unteutschen Worte, die man heute gebraucht, zu Papier bringen?[1] Aber all dieses ist ein Zeichen der Zeit. Die alten, unbezwungenen Deutschen würden derartige «Bastarde» nicht geduldet haben, wir aber sehen ruhig zu, wie die Franzosen in Deutschland nunmehr Zuchtmeister werden und wir, Knechten gleich, unsere Freiheit verlieren.[2] Ja damals galt «Ehr und Ruhm und Mannhaftigkeit», jetzt aber «hochstinkende Faulheit, schändliche Furcht, ausländische lächerliche Reden und Zaghaftigkeit.»[3]

Die Gelehrten, in andern Ländern die Hüter des nationalen Lebens, selbst diese sind Sklaven von Alamode, sie lassen sich auch von fremden Sprachen «verführen und blenden». Nicht genug damit, verlateinern sie auch noch ihre Namen, denn die deutschen klingen zu hausbacken, aus dem Weber wird ein Textor und der Beck verwandelt sich in Pistor, der Baumgarten in Pomarius u. s. w. Sie bedenken dabei nicht, dass unsere Altvordern in den Namen eine sittliche Lehre legen wollten, der Name sollte den Träger stets an «Ehre» und «Tugend» mahnen.[4] So schämen sich die Prediger, die ein leuchtendes Beispiel der Gemeinde sein sollten, nicht, selbst auf der Kanzel von *accomodiren, approbiren, confirmiren, demonstriren, exequiren, fingiren, imaginiren, jubiliren, lamentiren, molestiren, praestiren* zu sprechen. Andächtig sollen sie die Herzen stimmen, wie kann das aber möglich sein, wenn der

---

[1] Rist, Rettung . . .; vgl. Sprachverderber. 41 f.
[2] Ehrenkranz, 5 f.
[3] Ehrenkranz, 7.
[4] Ehrenkranz, 64.

Bauer den Herrn Pastor nicht versteht, oder gar miss-
versteht. So pries einstens der Herr Pfarrer die *amnistia*
und sagte sie sei ein edel Wesen und sie bringe den
Frieden. Der Bauer aber verstand «am Mist stehn»
sei ein edles Wesen und bringe den Frieden. Er ging
hin und stellte sich hin — ob ihm wohl die Friedens-
taube erschienen?[1]
Kanzleien und Schreibstuben der Städte, früher
die Quelle der reinen deutschen Sprache, sind ein
wahrer Ablagerungsplatz für alles Fremde. Ein *Secretarius* wurde gar böse, als man ihn einen Schreiber
nannte, denn das war ihm zu gemein.[2] Aber erst die
Rechtsgelehrten, Vorspräch und Anwält! Da kann
man sein blaues Wunder an lateinischen und französischen Worten hören. Ja, sagen sie, wir können die
Worte deutsch nicht wiedergeben. Das sind faule
Winkelzüge. Nehmt euch das alte Sachsenrecht vor,
da findet ihr einen wahren Goldschatz von guten
deutschen Worten. Lautet es denn nicht gut, wenn ich
sage für *appelliren* sich berufen an ein höheres Gericht;
suppliciren bitten, ein Bittschreiben einlegen; *concipiren*
aufsetzen; *judiciren* urteilen; *abcopiren* abschreiben;
mundiren rein sauber abschreiben; *recessiren* mündlich
etwas vorbringen; *purgiren* sich entschuldigen; *urgiren*
anhalten, darauf dringen. Und so fortan.[3]
Die Thorheit der Vielwisserei und darob hochange-
sehn zu sein, lässt auch die Aertzte nicht ruhen, obwohl
gerade sie, weil sie es mit dem Volke zu thun haben,
rein, klar und deutlich reden sollten. Sie bekümmern

---

[1] Sprachverderber, 22.
[2] a. a. O.
[3] Sprachverderber, 29.

sich leichtfertigen Herzens nicht um das Unglück, das einem Missverständnis folgen kann.

Auch die Jugend macht ihren Meistern, den Gelehrten, keine Schande. Kaum kennt ein solches naseweise, französische Jünkerlein das ABC, so wirft es schon, zum Zeichen einer höhern Erleuchtung, mit welschen und lateinischen Brocken herum.[1] Auf Leichenbegängnissen und Hochzeiten, da hört man erst lateinische Aufschneidereien, denn Jeder dünkt sich ein halber Doktor zu sein.[2]

Bis zum Anfange des Jahrhunderts hatte ein guter Geschmack die rhythmisch-gebundenen Dichtungen vor Verflachung und Erniedrigung durch Fremdworte bewahrt, nun aber war auch das in der kurzatmigen Tagespoetasterei anders geworden. Wie mächtig sich diese Strömung geltend machte und das noch vorhandene Feingefühl für Sprachreinheit zum mindesten in Gedichten ganz abstumpfte, beweist einige Jahrzehnte später Christian Weise, der an Gedichten mit Fremdworten gar nichts auszusetzen findet.[3] Jetzt fühlte man noch recht lebhaft diese neue Einbusse eines Hortes für die Reinheit der deutschen Sprache. «O deus omni-. potens, hilf mir meine carmina schmieden,» ruft der alamodische Versifex, und er lässt nunmehr der «Geigen resonance» und der «Harfen consonance» lieblich ertönen — aber Alles läuft nur auf Possen und leere Flunkerei mit Worten hinaus.[4] Nicht besser als diese dichterischen Eintagsfliegen trieben es ihre geschäftigen Halbbrüder von der Presse: die Zeitungs- und Kalen-

---

1 Ehrenkranz, 295.
2 Sprachverderber, 19.
3 Curiöse Gedanken, 135 f.
4 Vgl. Ehrenkranz, 117 ff. Rist, Rettung. . . .

derschreiber. Hier «höret man Wunder über Wunder»
und wollte man ihre Schreibereien verstehen, so wäre
auf der einen Seite ein Franzose, auf der andern ein
Lateiner notwendig. Selbst die Gelehrten finden sich in
diesem fremdsprachigen Mischmasch nicht zurecht.[1]
So sehn wir, wie sich in alle Klassen der gebildeten Stände die Fremdwörterei eingenistet hatte, wie
Jedermann in dem Wahne befangen war, etwas besseres
zu sein, wenn er tapfer seine Muttersprache verunstalte.
Wie verhielten sich aber diesem Zeitübel gegenüber
die niedern Stände, Bürger und Bauern? Jene Stände,
von denen die Puristen lobend hervorhoben, dass sie
ihren Wortschatz am vielseitigsten ausgebildet? Auch
sie folgten der allgemeinen Zeitströmung. Nicht nur
Adlige verfälschen die deutsche Sprache, nicht nur die
Soldaten, sondern auch die, welche kein Pulver ge-
rochen, nicht nur die Gelehrten und Gebildeten, sondern auch diejenigen, denen das «Latein bekannt, wie
dem Blinden die Farben».[2] Bei Schneidern und Schustern
dürfte man sich hierüber gar nicht wundern, waren
sie doch ein wichtiges Glied der damaligen Kultur,
aber auch diejenigen, die nicht einmal über den
«Schatten der Turmesspitze» hinaus gekommen waren,
so z. B. die Bauern, prangten und prahlten mit Worten,
die sie nicht verstanden.[3]
Alles war befangen in dieser Fremdsucht, vom Adel
herab bis zum Bauern, vom Gelehrten bis zum Pflaster-
treter. Ohne fremde Brocken konnte man keine Schriften absetzen,[4] und wer nur deutsch sprach, der wurde

---

[1] Sprachverderber, 40 f.
[2] Harsdörffer, Gesprächspiele, I, Zuschreiben 10 f. Moscherosch, Gesichte. I, 703 ff.
[3] Ehrenkranz, 109.
[4] Sprachverderber, 42.

höhnisch «Teutscher Michel» genannt.[1] Deutschland
war kulturell und sprachlich eine Provinz Frankreichs
geworden, das zeigte auch der gesellschaftliche Verkehr.
Grüsst man sich auf der Gasse, da heisst es *serviteur
monsieur, à votre service, votre très humble et très
affectioné serviteur.*[2] Sitzt man beim fröhlichen und
heitern Trunke, dann ruft man nicht «Gesegn' Gott»,[3]
sondern *salus, à la santé votre maitresse.*[4]
Und das liebe deutsche Mädchen, das in der guten
alten Zeit andächtig dem Gottesworte lauschte, das
züchtig daheim bei der Kunkel sass, ist nunmehr eine
Dame geworden, und die verbotenen Liebesromane, die
Amadisschäferein, die Arcadien sind ihm wohlbekannte
Dinge.[5] Und doch sind diese für sein Gemüt so
schlimm, wie Macchiavelli für die Jugend.[6] *Affection,
amour, passion, vexation, discours* u. s. w. sind ihm ge-
läufige Dinge. Aber züchtig und keusch ist doch die
deutsche Jungfrau? O — sie ist alamodisch, sie lässt
sich vom *Cavalier* und *Complimenteur,* was zu deutsch
«Schwätzer» und «Maulheld» heisst, gar angenehme
Dinge sagen. Wenn man's aber recht bei Licht besieht,
«sein darinnen etzliche tausend Funken unziemender
Begierden, die sie mit hochprangenden Worten be-
hangen und verdecken.»[7] Und erst die Briefe und Gedichte, die ein «Alamode-Jünkerlein» an seine *Maitresse*
schreibt: «Ihr, hochgepriesene *Dame,* seid der *Extract*
aller vollkommnen Schönheiten ... Euer Antlitz über-

[1] Ehrenkranz, 295.
[2] Ehrenkranz, 103.
[3] Ehrenkranz. 105.
[4] Daselbst.
[5] Ehrenkranz 304 f. Sprachverderber, 16.
[6] Ehrenkranz, 304.
[7] Sprachposaun, 26.

trifft ohne einige *Exception* die Klarheit des ganzen
Firmaments, wenn es in seiner höhesten *exaltation* und
aller edelsten *couleur* sich *praesentirt.* Euer Mündlein
ist eine honigsüsse *fontaine* . . . Die ganze *taille* eures
sehr *proportionirten* Körpers *concordiret* trefflich mit
der *absoluten* Schönheit des Himmels u. s. w.» [1] Aber
noch possierlicher klingen die Reimereien dieser *Cavaliere*:

> *Reverirte Dame*
> Phönix meiner *amic*
> Gebt mir *audienz*
> Euer Gunst *meriten*
> Machen zu *falliten*
> Meine *patienz.*
>
> Ach ich *admirire*
> Und *considerire*
> Eure *violenz:*
> Wie die Liebesflamme
> Mich brennt, sonder *blasme.*
> Gleich der *Pestilenz.* [2]

Die üppigsten Blüten trieb aber diese Komplimentir-
kunst am Hofe. Da ist die Aufschneiderei zu Hause,
was erlogen ist, muss mit Komplimenten eingefasst und
verziert werden, man ist geschmeidig und kriecht und
hält sich an den Spruch:

> Grüsse, küsse, neige, beuge,
> Jedem die Gebühr erzeige,
> Titulier' auch Jeden recht,
> Mehr zu hoch, als was zu schlecht. [3]

Auch in die bürgerlichen Kreise hatte sich diese
Komplimentenmacherei eingeschlichen und hatte das
naiv jungfräuliche, deutsche Herz mit gallischer Unzucht
verdorben. [4] Und an diesem allem trug die zügellose

---

1 Rist, Rettung . . .
2 Neumarck, Der neusprossende Teutsche Palmbaum, 138 f.
3 Sprachposaun, 14 f.
4 Vgl. Sprachposaun, 29.

Sucht der Fremdwörterei die Hauptschuld. «Fremde
Worte bringen fremde Sitten.»[1] Ja, wo sind deutsche
Treu', deutscher Glaube und Mut? Keuschheit und
männliche That? Verschwunden. An ihre Stelle sind
Wollust und Unzucht getreten. «Wo war jemalen
Teutschland so voller Hurerei gestecket, als jetzunder,
da die Deutschen nicht allein der Franzosen Sprach
und Kleider, sondern auch selbige Sitten an sich genommen.»[2]

Bedenkt man dies Alles, dann begreift man auch
jenen Kampf bis aufs Messer gegen alle Ausländerei,
gegen Frankreich insbesondere, das «Land der Aerger-
nusse und bösen Lüste»;[3] dann fühlt man die volle
Tragweite jener Worte, die sich aus dem empörten
Herzen eines dieser Patrioten herausrangen: die deutsche
Sprache ist eine reine, keusche Königin, treibt keine
Blutschande mit ihr! Dann gewinnt man erst den richtigen Masstab für das gewaltige Ringen dieser Männer.

Zur Vervollständigung dieses Bildes führe ich noch
ein vielcitirtes und vielfach verbreitetes Lied von Moscherosch[4] an:

Fast jeder Schneider, will jetzund leider
Der Sprach erfahren sein und redt latein.
Welsch und Französisch, halb Japonnesisch
Wann er ist toll und voll der grobe Knoll.

Der Knecht Matthies spricht *bona dies*
Wenn er gut' Morgen sagt und grüsst die Magd:
Die wendt den Kragen, thut ihm Dank sagen
Spricht *Deo gratias* Herr Hippocras.

---

[1] Sprach-, Sitten- und Tugendverderber, 41.
[2] Sprach-, Sitten- und Tugendverderber, 123.
[3] Sprach-, Sitten- und Tugendverderber, 22 f.
[4] Moscherosch, Gesichte, II, 124 f. Dieses Liedes gedenkt
z. B. W. Scherffer, Geist- und weltliche Gedichte, 664.

Ihr böse Teutschen, man sollt euch peitschen
Dass ihr die Muttersprach so wenig acht,
Ihr liebe Herren das heisst nicht mehren,
Die Sprach verkehren und zerstören.

Wir han's verstanden mit Spott und Schanden
Wie man die Sprach verkehrt und ganz zerstört.
Ihr böse Deutschen, man sollt euch peitschen
In unserm Vaterland, pfui dich der Schand' !

Am Schlusse dieses Abschnittes liegt es mir ob,
die Thätigkeit Ristens zu erwähnen, der uns vermöge
seiner engen Verbindung mit Schottel und Harsdörffer
zum folgenden Kapitel überleitet. Rist gehört aber,
was seine Kampfart und sein Streitobjekt anbelangt,
in die Reihe der Puristen dieses Abschnittes. Rist's
Rettung «der edeln Teutschen Hauptsprache» nimmt in
der zeitgenössisch-puristischen Litteratur eine ähnliche
Stellung ein, wie der «Sprachverderber». Gerade vermöge des grossen dichterischen Rufes des Verfassers
war diese kleine Streitschrift berufen, kräftig fördernd
auf die Reinigungsbestrebungen einzuwirken. [1] Man
könnte vermuten, dass Rist in Folge seiner engen Verbindung mit Schottel und der fruchtbringenden Gesellschaft und als Gründer eines Sprachvereines [2] sich mit
praktischen Verdeutschungen befasst habe, dem ist aber
nicht so. In der Vorrede zu seinem «Kriegs- und
Friedensspiegel» sagt er, dass er die fremden Worte
so lange gebrauchen werde, bis sich Jemand gefunden,
der dafür deutsche setze. Er begnügt sich mit der
Rolle eines Satirikers, der im Stile Moscheroschs das
Gewissen der Nation zu wecken sucht. In seiner oben
angezogenen «Rettung der edeln Teutschen Haupt-

---

[1] Die oben angeführten militärischen Fremdworte hat z. B.
der Sprachverderber wörtlich dieser R.'schen Schrift entnommen.
[2] Derselbe wurde 1656 gegründet, hiess sich «Elbschwanen-
orden», gelangte aber zu keiner Bedeutung.

sprache» hat Rist so ziemlich Alles, was er sonst in
seinen Schriften über Sprach- und Sittenverderbnis
sagt, zusammengefasst. Das Werkchen besteht aus vier
Briefen. Der erste ist von einem Alamode-Offizier an
seinen Vorgesetzten gerichtet, der erstern in dem zweiten
Brief ob seiner hochnäsigen Verachtung alles Deutschen
derb abfertigt. In einem dritten seufzt ein moderner
Kavalier und Komplimenteur seine anzüglichen Liebes-
werbungen vor, aber das teutschgesinnte Fräulein
Ehrenberg ist für den «Affen Frankreichs» nicht zu
haben. Die Satire R.'s macht aber nicht den tief-sittlich-
patriotischen Eindruck, den die obengenannten Schriften
erzielen, auch hier überwiegt, wie auch in seiner
sonstigen Polemik, das persönlich-beleidigende. So
nennt er die Offiziere «Cavaliere und derogleichen tolle
Hummeln» und überhaupt die Sprachmenger langöhrige
Zoili und schimpft sie «Cunz Saumage» oder «Heinz
Affenfänger». [1]

IV.

So lagen die Dinge, als in den 40er Jahren der
Kampf gegen den Einfluss der römischen Antike und
den des modernen Auslandes nachdrucksvoll eröffnet
wurde. Wenn sich die Lage gar nicht geändert hätte,
wenn der fremde Wortschatz derselbe geblieben wäre,
so würde man voll und ganz den Zorn dieser besorgten
Vaterlandsfreunde, ihre erbitterte Abneigung gegen die
französische Kultur berechtigt finden. Nun aber kamen

[1] Vgl. Vorrede zur Rettung . . .

4

noch andere Momente hinzu. Wir haben das An-
schwellen französischer Ueberflutung in Sprache und
Gesellschaft augenfällig bemerken können, wir haben
gesehn, dass der Damm, den diese mannhaften Patrioten aufführten, sich als zu schwach erwies — da
mögen wir nun auch wohl die tiefe Entrüstung dieser
Männer begreifen und ihre Uebertriebenheiten, die sie
sich zuweilen zu Schulden kommen lassen, verzeihlich
finden. Dazu kam noch, dass die Gelehrten, in denen man
gerade, wie wir gesehen haben, die natürlichen Schützer
und Behüter des nationalen Hortes sah, dass diese
Gelehrten in verblendetem Uebereifer für die lateinische
Sprache und fremde Kultur eine gegnerische Stellung
einnahmen. Den Männern aber, welche im Mittelpunkt
der Bewegung standen, dürfen wir unsere Bewunde-
rung nicht versagen, da sie in diesem heftigen Kampfe
die Grenze des Erlaubten kannten und auch thatsächlich
wenig verletzt haben : es sind dies die beiden Männer
Schottel und Harsdörffer. Wenn Zesen radikaler vor-
ging, so wird man den Grund in den oben angeführten
Misständen zu suchen haben — und in seiner geradezu
glühenden Liebe, oft überspannten Begeisterung für
deutsche Sprache und deutsches Wesen.

Schottel und Harsdörffer sind die Zierden der
fruchtbringenden Gesellschaft. In ihren Werken hat
sich das, was dieser Orden auf puristischem Gebiete
anstrebte, am reichsten entfaltet. Dies gilt hauptsächlich von den Werken Schottels. Schottel ist der
denkende, schaffende Kopf, er war für seine Zeit ein
sprachliches Talent ersten Ranges. Schottel hatte sich
in Holland für sprachliche Beschäftigungen herange-
bildet. In Leiden studirte er unter dem berühmten
Philologen Heinsius. Hier, in Holland, wanten Gelehrte und Dichter ihre ganze Liebe, ihr ganzes Können

der heimischen Volkssprache zu. Dieser Aufenthalt war
für Schottels Stellung zum Purismus entscheidend.
Wie sehr er unter dem Einflusse Hollands stand,
beweisen die vielen Citate, die er zur Begründung
seiner Ansichten aus den Schriften holländischer Schriftstellern und Gelehrten, vornehmlich dem Mathematiker
Stevin, herbeiholt.[1] Hier ist ihm die Bedeutung der
Volkssprache aufgegangen. Aber auch Harsdörffer steht
unter diesem Einflusse. Die deutschen Ausdrücke für
mathematische Wissenschaften hat er den niederländischen nachgebildet.[2]
 Schottels Sprachkunst, ist ein bleibendes Denkmal
für jene Bestrebungen, die hauptsächlich durch die
fruchtbringende Gesellschaft gefördert und geleitet
wurden, d. i. jenen Bestrebungen, die sich auf die
feste Prägung einer deutschen Prosa richteten, ein
glänzendes Denkmal für den Patriotismus, der in den
Zeiten der tiefsten Erniedrigung des deutschen Volkes
in der Brust jener Männer pochte, die an seiner Zukunft und Grösse nicht verzweifelten. Und diese Liebe
für das Vaterland und seine Sprache führte auch
Schottel in die Arme des Palmenordens. Schottel
Wurde schnell die Seele der puristischen Bewegung,
er war der Varro der Zeit, wie ihn seine Freunde
lobend nannten. Schottels Sprachkunst bildet den un-
erschöpflichen Born für alle «Sprachlehren», «Poete-
reien», «Entwürfe zur Rechtschreibung», und «unvorgreiflichen Bedenken» über deutsche Wörterbücher,
Schriften, die in dieser Zeit massenhaft producirt

---

[1] Vgl. Ausführliche Arbeit von der Teutschen Hauptsprache
(Sprachkunst).
[2] Vgl. den zweiten Teil seiner mathematischen und philosophischen Erquickstunden, Vorrede.

wurden. Beinahe jeder Poet hielt sich für berechtigt,
auch eine Poeterei zu schreiben. Weil diese Leute aber
im Durchschnitt alle puristisch gesinnt waren, gingen
sie selbstredend auf den Puristen Schottel zurück. Aber
noch mehr that die Güte des Werkes. Mit der Beleh-
rung über Sprache und Sprachwissenschaft übernahm
man auch die Bezeichnungen, die Schottel geschaffen.
Einen schlagenden Beweis liefert Christian Weise, der
den Grundsatz aufstellt, die lateinischen Kunstausdrücke
seien zu gebrauchen und dennoch finden sich Schottel'-
sche deutsche *termini* bei ihm, wie «Abmessen» für
Scancion, «steigende» und «fallende» Tritte» (pedes),
u. s. w. [1]

So drang die einheitliche Bezeichnung der grammatikalischen Begriffe, wie sie die fruchtbringende Gesellschaft in ihren besten Tagen angestrebt, infolge der
aussergewöhnlichen Wirkung dieses einzigen Mitgliedes
durch. Auch Schotteln wurde die Befriedigung zu teil,
dass seine Wünsche durchgeführt wurden. Damit eine
durchgreifende Wirkung erzielt werde, verlangt er eine
einheitliche Verdeutschung. Nicht Jeder dürfe nach
eigenem Ermessen schalten und walten.[2] Dementspre-
chend ging auch er in den schon angenommenen Verdeutschungen consequent vor. Um aber Gleichgültige
auf seine Seite zu ziehen, setzte er auch den lateinischen
Ausdruck bei. Auf diese vermittelnde Weise suchte er
seine Gedanken in gegnerische Kreise zu tragen.

Der andere Name, den ich in diesem Abschnitte
mit dem Schottels verknüpfte, ist der Harsdörffers.
Für uns besteht seine hauptsächliche Bedeutung darin,
dass er die Schottel'schen Gedanken über Purismus

---

[1] Curiöse Gedanken, 77.
[2] Vgl. Ausführliche Arbeit ..., 1245.

und auch dessen neu geschaffene Ausdrücke populari-
sirt hat. Schottels dickleibige Sprachlehre war nur
wenigen, sich besonders interessirenden Kreisen ver-
daulich, seine Gedanken und Ausdrücke hätten nie auf
das grössere Publikum gewirkt, wenn nicht Harsdörffer,
mit seiner Vielschreiberei helfend hinzugekommen
wäre, oder — nennen wir das Ding bei seinem richtigen Namen — wenn nicht die Harsdörffer'schen
Gesprächspiele sie breit ausgetreten hätten. Daher
dürfen wir uns nicht wundern, dass Harsdörffer, mit
Ausnahme der « Fachmänner », von seinen Zeitgenossen
weit mehr genannt wird als Schottel. Das lag auch in
der Natur ihres Stils. Schottel konnte dem Andrange
der lateinischen Redewendungen kaum widerstehn,
Harsdörffer und Zesen dagegen beherrschen die Sprache
vollkommen. Schottel steht im Banne der lateinischen
Gelehrtenprosa; lateinische Gedanken- und Satzverbin-
dungen zeigen auf Schritt und Tritt, dass er lateinisch
gebildet war und lateinisch dachte. Während seine
lateinischen Definitionen klar, kurz, knapp, sind seine
deutschen oft gewunden, schleppend, dunkel und un-
verständlich. Fast jede Zeile bringt ein Fremdwort. Oft
bekommt man den Eindruck, als ob sein guter deutscher
Wille dem Andrange des Fremdwortes nicht widerstehn könnte. Ganz anders Harsdörffer. Leichtverständ-
lich, ohne Mühe lenkt er den flotten Fluss seiner
Rede; das macht seine poetische Begabung. Ein
sprechendes Zeugnis ist hiefür der reissend schnelle
Absatz seiner Gesprächspiele. Schottel schreibt, Harsdörffer hat sich einen grossen Nachruhm im Gedächt-
nis der Nation durch seine Gesprächspiele erworben.
« Massen dieses Werk je mehr und mehr bei allen
Fürstenhöfen, da man sonst nicht gerne über Büchern
sitzt, gelesen und vielen Hohenschulen bekannt, täglich

grössern Abgang und Nachfrage gewinnt.»[1] Die Gesprächspiele sind seine wichtigste Leistung auf puristischem Gebiet. Sie haben den ausgesprochenen Zweck durch die angenehme Mühe der Gesellschaftsspiele für \ die Gedanken des Palmenordens Propaganda zu machen, dessen Gedanken über deutsche Poesie und Sprache und über deren Reinheit in breitere Kreise zu tragen.[2] Dies sind seine grossen Verdienste.

Beide Männer: Schottel und Harsdörffer waren von jener Liebe zur hochdeutschen «Heldensprache» geleitet, wie sie alle Puristen durchglühte. Diese Liebe bestimmte ihre Arbeit, sie führte beide Männer der fruchtbringenden Gesellschaft zu; sie fühlten es tief, wie schändlich unsere edle Heldensprache « verlüderlicht» werde. Es ist eine wahre Schande, ruft Schottel, dass wir unserer Sprache, wie Luther mit Recht sagt, die Zähne ausbrechen und sie zwingen wollen «den fremden nur nachzumummeln».[3] Harsdörffer sagt ähnlich: wir dürfen nicht dulden, dass unsere Sprache von andern Zungen, die sich glanzvoll erheben, unterdrückt werde.[4] Mit allen deutschgesinnten Zeitgenossen rufen sie, unsere Altvordern wachten eifersüchtig über die keusche Reinheit der Sprache, daher ist sie von allen die vollkommenste,[5] daher hat sich der ehrlich biedere Sinn des deutschen Volkes von Geschlecht zu Geschlecht fortgeerbt. Bleiben wir unsern Altvordern treu! Denn Sprache und Sitte sind das «Palladium» eines Volkes, fallen diese, dann ist's auch um das Volk geschehn.[6]

---

[1] Schluss des VI. B. der Gesprächspiele.
[2] Vgl. bes. Uebereignungsschrift zum ersten u. zweiten B.
[3] a. a. O. 42; 114, 137.
[4] Gesprächspiele, III, 61.
[5] Schottel, a. a. O. 123.
[6] Schottel, a. a. O. 137. Harsdörffer, Gesprächspiele, III, 61, 307.

Die Natur selbst hat die Völker durch hohe Berge und tiefe Flüsse getrennt, und so natürliche Grenzen auch für die Volkssprachen gezogen.[1] Wir aber verschliessen uns diesen Naturgesetzen. «Unsere Fremdsucht, Wunschgier und Wankelmut» leisten den fremden Eindringlingen wirksamen Vorschub, ja wir tauschen sogar für echte deutsche Worte fremde ein.[2] Dies ist auch der Grund für manches nationale Unglück, «Hass, Feindschaft, Zank und Zwietracht» werden durch sie befördert. Daher muss unbedingt mit der Fremdwörterei aufgeräumt werden. Um aber dies Vorhaben wirksam durchführen zu können, ist es notwendig, dass unsere Muttersprache in feste Regeln gebracht werde, dass «sie nicht in der alltäglichen, ungewissen Gewohnheit, sondern in kunstmässigen Lehrsätzen und gründlicher Anleitung festbestehe».[3] Wie dies anzufangen sei, darüber belehrt uns Schottel in einer besondern Lobrede (10) seiner Sprachlehre die in der Forderung eines Wörterbuches gipfelt, das folgendermassen beschaffen sein müsse: 1) Alle deutschen Stammwörter Ober- und Niederdeutschlands müssen aufgesucht, 2) die sämtlichen Casus angegeben, 3) Ableitungen, 4) Verdopplungen (= Zusammensetzung) gezeigt werden; 5) Vorwörter erklärt, 6) Regel- oder Unregelmässigkeit der Stammzeitworte gezeigt, 7) deutsche Worte gedeutet und erklärt werden mit Hilfe aller deutsch geschriebenen Bücher, und 8), worin die vornehmste Arbeit bestehn würde, müsste fleissig aufgesuchet werden, was in «Bergwerken, Hand-, Mühl-

1 Harsdörffer, Gesprächspiele, IV, 461.
2 Schottel, a. a. O. 137 f. Harsdörffer, Gesprächspiele, III, 93.
3 Schottel, a. a. O. 148.

werken, Schiffahrten, Fischereien, Waidwerken, Buch-
druckereien, Kräuterkunst, Philosophie, Künsten, Wissenschaften und andern Facultäten» an guten Ausdrücken
vorhanden. Desgleichen «Sprichwörter», «Lehrsprüche»
und «Redarten».[1] Harsdörffer fordert ein gleichbe-
schaffenes Wörterbuch.[2]

Einen märchenhaften Reichtum birgt die Muttersprache, wer nur Herz und Hand hat, der hebt den
Schatz. Aber auch die fremden litterarischen Erzeugnisse
kann man in den Dienst der deutschen Spracharbeit
stellen. Diese müssen durch Uebersetzungen dem Na-
tionaleigentum eingefügt werden, denn durch sie erhält
die noch spröde Muttersprache Geschmeidigkeit, Schwung
und elastische Gelenkigkeit.[3] Harsdörffer hat diese Forderung in seinen Gesprächspielen praktisch durchgeführt,
denn diese sind in ihren wesentlichsten Teilen aus französischen, italienischen und spanischen Schriftstellern
zusammengetragen.[4]

Damit aber diese Arbeit bleibenden Wert für das
deutsche Volk habe, ist es notwendig, dass die Schule
reformirt werde. An die Jugend wanten sich diese
Männer. Schottel schreibt für sie seine Sprachlehre,[5]
denn er weiss, dass, wenn er diese gewonnen, er dem
Lateinertum am wirksamsten begegnen würde.

Man sieht, es ist ein reichhaltiges Programm, das
zu verwirklichen diese Männer anstrebten, sie trifft der

---

[1] Schottel, a. a. O., 159 f.
[2] Harsdörffer, Gesprächspiele, I, Zugabe 18; III, 342 und
Krause, a. a. O. 320.
[3] Schottel, a. a. O. 1233. Harsdörffer, I, 52 f.
[4] Gesprächspiele, III, 93.
[5] Vgl. «Ad serenissimum Principem; praefatio prioris edi-
tionis» in dem angeführten Werke. Vgl. auch Harsdörffer, Gesprächspiele, III, 289.

Vorwurf nicht, dass sie geglaubt hätten, mit der Sprachreinigung allein sei alle Arbeit gethan.

Haben die Bestrebungen, die wir im vorigen Abschnitte verfolgt, darin gegipfelt, im Kampfe gegen die
Sprachverderbnis eine Defensivstellung einzunehmen,
waren jene Männer gezwungen, über den schon vorhandenen Sprachschatz zu wachen und dem Vordringen des
ausländischen Wesens Schranken zu ziehen, — so haben
es Schottel und die Genossen von der fruchtbringenden
Gesellschaft wesentlich damit zu thun, für die deutsche
Sprache neue Gebiete zu erobern, Bestrebungen, die in
einer festgefügten Prosa, besonders Gelehrtenprosa, die
Krone finden sollten.

Wenn man Fremdworte ausmerzen will, muss man
sich vor allen Dingen über die Entbehrlichkeit derselben
klar werden, darüber, ob alle oder nur ein Teil derselben
auszuscheiden sei. Wenn letzteres der Fall, dann entsteht gleich die Frage nach der Grenze zwischen entbehrlichen und unentbehrlichen Fremdworten. Wie
stellen sich Schottel und Harsdörffer zu diesen Fragen?
Sie bewegen sich in denselben Kreisen, wie sie schon
die fruchtbringende Gesellschaft gezogen hatte. Sie erkennen an, dass Fremd- und Lehnwörter, im heutigen
Sinne, oder nach ihrem Sprachgebrauch «Bastardwörter»
zu scheiden seien. Sie wissen, dass Gebrauch und Gewohnheit auch Gesetzgeber in der Sprache sind.[1] Worte,
welche tief in die Volkssprache verwebt sind, lassen sich
nicht herausreissen. Doch ist zu scheiden zwischen fal-
schem und gutem Gebrauche. In der Gewohnheit darf
kein «Unsinn» liegen und der Gebrauch darf nicht den
Grundgesetzen der Sprache widersprechen, denn «das
ist kein Gebrauch. sondern eine missbräuchliche Ver-

---

[1] Schottel, a. a. O. 8. Harsdörffer, Gesprächspiele, I, 96 f.

fälschung».[1] Daher ist das Fremdwort stets zu prüfen,
bevor man endgültig entscheidet, ob dasselbe ersetzt
werden soll oder nicht. Es ist zu prüfen, ob das Wort
überhaupt fremd, denn es kommt oft vor, dass das einheimische dem fremden gleich ist und dennoch keine
Entlehnung stattgefunden hat. Man bedenke, dass viele
Millionen von Worten aus nur 24 Buchstaben gebildet
werden, wie sollten da nicht auch Doppelgänger sich
finden ? Daher sind diejenigen heftig zu tadeln, die
derartig anklingende Worte aus unserm Wortschatze
ausweisen wollen, denn dadurch machen sie unsere
Sprache zu einer «allgemeinen Huren und Bettlerin»,
«die von jedem Ausländer bald hier, bald dort ein biss-
lein Brot, damit sie gleichwohl ihr Sprachleben erhalte,
müsse annehmen».[2]

Durch regen Verkehr und Handel, die zu allen
Zeiten die Völker verbunden, durch ihre gegenseitige
Vermischung und Vermengung,[3] durch ein Naturgesetz,
dem zu Folge alles vergeht und das auch das Leben der
Sprache trifft,[4] sind zu allen Zeiten sprachliche Entlehnungen zwischen den Völkern befördert worden.
Dieses Schicksal hat selbst die göttliche (divina) he-
bräische Sprache gehabt, auch sie ist nicht frei von
fremden Einflüssen; im Exil erfolgte ihre Mischung.[5]
Wie sollte nun das deutsche Volk in Folge seiner mannigfachen Berührungen mit andern Völkern, in Folge der
vielfachen kulturellen Beeinflussung seine Sprache frei

---

[1] Schottel, a. a. O. 9. Harsdörffer, Gesprächspiele, I, Zuschreiben, 3.

[2] Schottel, a. a. O. 138 f., 1246.

[3] Schottel, a. a. O. 166. Harsdörffer, Poetischer Trichter,
III. Teil, 10 f.

[4] Schottel, a. a. O. 166.

[5] Harsdörffer, Specimen Philologiae Germanicae, 40.

von fremden Worten erhalten haben, trotz aller Wachsamkeit der Altvordern? Auch unser Volk musste mit den Dingen die Bezeichnung übernehmen.

Solche «Bastardworte» nun, «welche durch beider Sprachen Verehelichung und Vermischung vor unerdenklichen Zeiten legitimirt worden», [1] müssen beibehalten werden, wiewohl sie auch deutsch gegeben werden könnten, aber sie sind überall bekannt und haben deutsche Art an sich genommen. [2] Nur ist billig zu verlangen, dass sie in deutsches Gewand gekleidet werden. [3] Es war nämlich Gebrauch, dass, wenn nur möglich, alle Fremdworte lateinisch flectirt und dieselben mit Antiqua im Gegensatze zu der sonst üblichen Fraktur gekennzeichnet wurden. So entsprach gewissermassen dem Kunterbunt der Worte auch eine buntscheckige äussere Form.

Keine Sprache ist von solcher «Zärtlichkeit», dass sie nicht auch fremde Worte dulden könnte, ohne dass sie verunziert werde. Dies gilt hauptsächlich von jenen Worten, die auf dem Strome einer neuen Kulturbewegung in das Volksleben eingedrungen sind. Wenn nun solche Fremdlinge in der deutschen Sprache das Bürgerrecht erhalten wollen, müssen sie folgende Bedingungen erfüllen:

1) «Dass selbe in unserer Sprach ermangeln, oder ohn' Umschreibung nicht füglich auszureden sein.

2) «Dass solche Worte bereits bei Jedermann bekannt und auch von Jenen, welche anderer Sprachen nicht kundig, verstanden werden.

---

[1] Harsdörffer, Gesprächspiele, II, 176.

[2] Schottel, a. a. O., 284, 1248. Harsdörffer, Gesprächspiele, I, 81 f.

[3] Schottel, a. a. O. 284. Harsdörffer, Gesprächspiele, II, 30 f.

3) «Dass selbe sich burgerlich halten, ich will sagen, teutsch geschrieben und teutsch geendet werden».[1]

Dass diese Bestimmungen die schwierige Frage, nach den entbehrlichen und unentbehrlichen Fremdworten, die ja auch heute ihrer Lösung harrt, scharf, klar und deutlich begrenzt habe, soll nicht gesagt sein, doch beweisen die drei Regeln, dass man sich über die Frage klar zu werden suchte und wie die folgenden Beispiele darthun werden, in grossen Umrissen auch klar geworden ist.

Zu diesen Lehnwörtern sind nach Schottel etwa folgende zu zählen[2]: «Sabbath, Zebaoth, Cherubim, Kruzifix, Belial, Lucifer, Prophet, Apostel, Patriarch, Superintendent, Kaplan, Musiciren, Altar, Kantor, Psalter, Amen, Litanei, Evangelium, Testament, Katechismus, Articul, Text, Bibel, Advent, Rector, College, Kanonicus, Mönch, Nonne, Kapitel, Messe, Kaiser, Monarch, Prinz, Kanzlei, Regiment, Poet, Doctor, Accord, Bass, Commandant, Capitän, Prozess, Triumpf, Musicant, Aspect, Planet, Komet, Tractat, Dignität, Facultät, Universität, Philosophei, Phantansei, Copei, Lection, Religion, Union, Armee, Ordonanz, Audienz, Melodei, Barbarei, Notul, Substanz, Clausul, Inbreviatur, Interlineatur, Spectacul, Castell, Banket, Parlament, Sacrament, Element, Planket, Secret, Privet, Protocoll u. s. w.»

Es sind dies also Kulturworte, die wir zum grossen Teil auch heutzutage gebrauchen. Harsdörffer drückt sich noch deutlicher aus. Mit der Uebernahme der christlichen Religion sind viele Worte in die Sprache eingedrungen; diese Worte nun werden von Jedermann

---

[1] Harsdörffer, Gespruchspiele, II, 178 f. Schottel, a. a. O. 1282 f.
[2] a. a. O. 284 f.

verstanden und wer sie verdeutschen wollte, der würde
«schlechte Ehre damit einlegen».[1]
In diese Reihe gehören auch jene Worte, «welche
die Gewächse, Kräuter, Früchte, Blumen, Gewürz-
und Kleidungsarten und Gerätschaften fremder Länder»
bezeichnen.[2]
Anders verhält es sich aber mit den Wörtern,
die nur auf einen kleinen Kreis von Gebildeten
beschränkt, oder solchen, die erst in der jüngsten Zeit
übernommen worden sind, den Alamode-Wörtern, diese
können und müssen ausgerottet werden.[3]
Nun richtet sich die gesamte Aufmerksamkeit
Schottels und Harsdörffers auf die Frage, wie können
wir die uns noch fehlenden Ausdrücke neu schaffen?
Beide verlangen unbedingte Verdeutschung der wissen-
schaftlichen Ausdrücke.[4] Nur ein einzigesmal schwankt
Schottel, indem er solche fremde Kunstausdrücke behalten will, die sich «zum disputiren» besonders gut
eignen.[5] Es ist zwar nicht zu leugnen, dass wir Deutche
mit dem Kunstworte zugleich auch den Begriff entlehnt haben, aber hier liegen die Dinge anders. Denn
während die oben als Lehnwörter bezeichneten Ausdrücke in den Volksgebrauch eingedrungen sind und
man daher, wenn man diese Worte ausmerzen wollte,
unüberwindliche Schwierigkeiten vor sich hätte — sind
die Begriffsbezeichnungen der Künste und Wissenschaften nur einem verschwindend kleinen Kreis bekannt,
einem Kreis, dem sie durch gelehrte Bildung zugeführt

---

[1] Harsdörffer, Poetischer Trichter, III. Teil, 12 f.
[2] Gesprächspiele, II, 182 ; poetischer Trichter, III. Teil, 12 f.
[3] Schottel, a. a. O. 1273.
[4] Schottel, a. a. O. 1248. Harsdörffer, Poetischer Trichter,
III. Teil, 10 f.
[5] a. a. O. 1249.

wurden — hätten diese von Jugend auf, bemerkt
Schottel sehr richtig, die deutschen Ausdrücke gehört,
so würden ihnen dieselben gerade so unentbehrlich
erscheinen, wie sie es jetzt mit den lateinischen ver-
meinen.[1]

Darüber aber herrscht kein Zweifel, dass unsere
wortreiche Hauptsprache allen Ansprüchen, die in dieser
Beziehung an sie gestellt werden, genügen wird.[2] «Was
uns die Natur will verstehn lassen, das können wir der
Natur in teutscher Sprache nachreden.»[3]

Die Sprache aber gleichet einer wohlbezogenen Laute
und einem künstlichen Orgelwerk, auf dem nur der
Verständige spielen kann.[4] Daher darf nicht jeder
«Stumpeler» sich herausnehmen in die deutsche Spracharbeit hineinzupfuschen,[5] denn dadurch könnten alle
Wohlgesinnten nur abgestossen werden. Will man aber
Erspriessliches leisten, dann müssen vor allen Dingen
die *analogica linguae fundamenta* beachtet werden,[6]
denn die Analogie ist es, die dem neugeschaffenen
Worte einen bekannt anklingenden Ton verleiht und
ihm so eine leichtere Aufnahme bereitet. Und wenn
man uns vorwirft, wir schüfen ganz neue «unerhörte»
Worte, so ist das einfach nicht wahr, denn unsere
«gedoppelten» (zusammengesetzten) Worte sind keine
neugemachten, so wenig als griechische *composita* «neu
gebackene Wörter sein, die in *Homero, Euripide,
Pindaro, Platone* u. s. w. zu finden».[7]

---

[1] a. a. O. 10.
[2] Schottel, a. a. O. 10. Harsdörffer, Gesprächspiele, I, Zuschreiben 15; Poetischer Trichter, 18.
[3] Schottel, a. a. O. 12.
[4] Schottel, a. a. O. 1246.
[5] Schottel, a. a. O. 1225; bes. 158 f.
[6] Schottel, a. a. O. 10; Harsdörffer, Gesprächspiele, IV, 37.
[7] Schottel, a. a. O. 13.

«Schönheit und Wohlklang» der Sprache zu be-
wahren, ist ein Haupterfordernis in der deutschen
Spracharbeit.[1] Dies oberste Gesetz ist auch für die
Verdeutschungen ausschlaggebend. Daher ist derjenige,
der neue Wortbezeichnungen schaffen will, nicht skla-
visch gebunden an die fremde Vorlage. Bei der Verdeutschung gilt hauptsächlich «dass man den Namen
eines Dinges aus dessen Natur und Weise zuvörderst
erforschen und herführen soll»,[2] denn alle Worte sind
aus der «Vernunft der Natur entstanden», d. h. sie
geben genau den Begriff des Dinges wieder. Wenn
man nicht Wort zu Wort übersetzen kann, dann lasse
man «das Wort der Grundsprache» fahren, und suche
«die Meinung», «den Verstand der Sache» wiederzu-
geben.[3] Dies Bestreben, nur das, was der Sinn an-
deutet, in dem neuen deutschen Worte auszudrücken,
tritt auffallend in den Begriffsbezeichnungen für Metrik
und Poetik hervor. Hier suchte man dem Rhythmisch-
Malerischen Ausdruck zu verleihn. So nennt Schottel
einen daktylischen Vers «eilhebende Reimart», «wegen
ihrer eiligen Anhebung» — einen daktylisch-jambischen
«abwallende Reimart», «welche da immer läufig und
mit kurzem und langem Schritte eins ums andere ab-
wallend wird»...[4]
Die vorzüglichsten Mittel neue deutsche Worte zu
schaffen, bestehn in der Ableitung und Verdopplung.
Ihre «wunderreichsten Eigenschaften» aber offenbart
eine Sprache in der «Verdopplung», d. i. Wort-
zusammensetzung, sie ist das «vornehmste Stück» einer

---

[1] Schottel, a. a. O. 1221.
[2] Schottel, a. a. O. 60.
[3] Harsdörffer, Gesprächspiele, I, Zuschreiben 50.
[4] a. a. O. 915.

jeden Sprache.[1] Mit Hülfe dieser vielfachen und mannig-
faltigen Zusammensetzungen ist die deutsche Sprache,
welche in dieser Beziehung nicht nur mit der griechischen wetteifern, sie gar übertreffen kann, ist es also
unserer Muttersprache möglich, «den mannigfachen
Unterscheidungen der Natur» besonders nahe zu
kommen. Ihre höchste Leistung aber gipfelt in den
sogenannten «Widerwörtern», das sind solche zu-
sammengesetzte Wörter, deren beide Teile sich logisch
widersprechen, z. B. ein «Frommböser, der in einem
Schafpelz den Wolf birgt..»[1] In diesem Stücke steht
die deutsche Sprache einzig da.

Aber gerade bei diesen Zusammensetzungen bedarf
es der grössten Sorgfalt und des feinsten Geschmackes.
Die Erkenntnis dieser Kunst kommt nicht auf einmal,
sondern nur «aus fleissiger Lesung der Bücher»: den
Geist der Sprache muss man mit ausgebildet feinem
Gefühle herausfinden. Diese Fähigkeit des Zusammen-
setzens ist die Stärke der deutschen Sprache, sie gibt
ihr die Kürze, Schärfe und Klarheit des Ausdrucks.
Schottel und mit ihm alle Grammatiker der Zeit haben
etwa folgende neu zusammengefügte Worte als gram-
matikalische Bezeichnungen gebraucht:[3]

Sprachkunst für Grammatik; Wortforschung ety-
mologia; Wortfügung syntaxis; Selbstlauter, Mitlauter
vocalis, consonans; Stamm-, Geschlechts-, Nenn-,
Zeit-, Vornenn-, Mittel-, Vor-, Füge-, Zu-, Zwischen-
wort für radix, articulus, nomen, verbum, pronomen,
participium, praepositio, conjunctio, adverbium, inter-
jectio; Doppellaut diphthongus; Hauchlaut tonus aspi-

---

[1] Harsdörffer, Gesprächspiele. I, Zuschreiben 26; III, 297.
Schottel, Liber II, Caput XII seiner Sprachkunst, S. 398-533.
[2] Schottel, a. a. O. 79.
[3] Vgl. Anhang zur Ausführlichen Arbeit ...

rans; Mundart dialectus; Zeitnennwort verbale nomen;
Lehrsatz regula; Zahlwörter nomina numeralia; Zahl-
endung casus; Nennendung nominativus; Geschlecht-,
Geb-, Klag-, Ruf-, Nehmendung, genetivus, dativus,
accusativus, vocativus, ablativus; Gebietungs-, Anzei-
gungs-, Füg-, Endungsweise, imperativus, indicativus,
conjunctivus, infinitivus modus; Zeitwandelung conjugatio; Stammzuwort adverbium; Strichpünktlein sem-
micolon; Doppelpunkt colon; Mittelstrich lineola sin-
gulari modo verba germanica connectens; Hinterstrich
apostrophe; Fragzeichen signum interrogationis; Ver-
wunderungszeichen signum admirationis; Spruchrede
periodus; Wortzeit quantitas toni; Wortklang ipse tonus
seu qualitas verbi; Reimschluss strophe; langkurz
trochaicus; kurzlang jambicus; doppelkurz pyrrhichius;
doppellang spondaicus; Reimmass pes; Reimart genus
carminis; langgekürzt dactylus; gekürztlang anapaes-
ticus; Heldenart heroicum genus; Wechselart elegiacum
genus; Letterwechsel anagramma; Satz, Gegensatz,
Abgesang, strophe, antistrophe, epodos; kunstfügiges
Reimgedichtlein, epigramma; Rätselreime carmen aenig-
maticum; Wortgrifflein logographus und endlich Kunst-.
wort für terminus technicus.

Entsprechend ihrer Ansicht, dass diese Kunstworte nur durch häufigen, regelmässigen Gebrauch
in Schwung und Gewohnheit kommen könnten, finden
wir diese Ausdrücke durchwegs in allen puristischen
Schriften, die aus Schottels Sprachkunst. geschöpft
haben. Man wird zugeben, dass unter diesen Verdeutschungen viel Vortreffliches ist, im übrigen zeugt
dafür, dass von denselben bekanntlich auch heute
noch manche im Gebrauche sind.

Ich beginne nun mit der Aufzählung der Verdeutschungen, die, wie ich glaube, Schottel zuerst mit

Hilfe der Composition geschaffen hat : Denkzeit epocha;
Schlussrede συλλογισμος; Ohrenmelker adulator; An-
kunftswörter patriam aut gentem significantia ; Denk-
spruch symbolum; Schreibart stylus; Geschichtswesen ;
Befehlgeber mandator; Wortmeister criticus; Wort-
reder Advocat; Wortzeiger catalogus; Wortsammlung
pleonasmus; Winkelmass norma; Kunstsatz axioma;
gleichbenamt synonimus; seitgleich collateralis; zeit-
gleich coaevus; Scheidlinie diagonale; Heerhauf legio;
Schauburg theatrum; Esswaaren; Empfangsschein re-
cipisse; Klügelmeister; Sinnbegriff conceptus; Spott-
rede ironia; Scharfrichter executor; Wohlredenheit;
Weltweiser philosophus. [1]

Bei Harsdörffer habe ich ungefähr folgende neue
Zusammensetzungen, die ein Fremdwort wiedergeben
sollen, feststellen können :

Naturkündigung; Wesenbild idea essentiae ; Sturm-
pfähle oder Palisaden; Bücherschatz bibliotheca; Geld-
mittler financier; Sternkündigung; Gesichtskreis horizon;
Durchzug axis; Mittagslinie oder Mittager meridian;
Sonnenlinie zodiacus; Gleichlinie oder Gleicher aequa-
tor; Sehkunst perspectiv; Schalthandlung interscenium;
Grabspitze oder Flammsäule Pyramide; Himmelsfeste
Firmament; Streitrede disputatio; Masschlag Tact;
Grundbreite basis; Irrgarten Labyrinth; Wasserbrun-
nen fontaine; Wortglied Silbe; Bücherrichter Kriti-
ker; Briefwechsel; Denkzettel memorialia; Ebenmass
proportio und symmetria; Fussgesims oder Postament;
Lehrart Methode; Lehrgedicht mythologia; Mittelpunkt oder centrum; Sehnerven musculi optici; Schimpf-
gedicht Satire; Schauspieler Komödianten; Uebereignungsschrift Dedication; Uebertragungsverstand meta-

---

[1] Vgl bes. lib. II, cap. XII des angeführten Werkes, S. 398-533.

phoricus sensus; Weisskunst Mathematik; Widerhall echo; Zweikampf Duell; Hochschule Universität; Haushaltung oeconomia.

Mit Hilfe der Zusammensetzung suchten Schottel und Harsdörffer für die einzelnen Zweige der Wissenschaften deutsche Benennungen zu schaffen. Dabei bedienten sie sich desselben Mittels, das wir auch heutzutage anzuwenden pflegen, die Worte -kunst oder -lehre bildeten nämlich in der neuen Begriffsbestimmung die Grundbezeichnung; doch zogen sie -kunst vor. Ich führe einige Beispiele an: Sprach- und Sittenlehre; Sprach-, Rede-, Vers-, Dicht-, Vernunft- oder Beweis-, Rechen-, Mess-, Weiss-, Singe-, Zergliederkunst u. s. w. (grammatica, rhetorica, metrica, poetica, logica, arithmetica, geometria, mathesis, musica, anatomia, u. s. w.). Diese Bezeichnungen sind vornehmlich von Harsdörffer geschaffen, der in seinen Gesprächspielen beinahe jeder von diesen Künsten ein Kapitel widmet. Schottel hat sie in seinem Entwurf zu einem Wörterbuch übernommen. .

Fast gleichen Wert für Verdeutschungen hat die Ableitungsfähigkeit unserer Sprache. Hier thun nun die Praepositionen und die *litterae accidentales*, d. i. die Ableitungssilben ihre vorzüglichsten Dienste. [1]

Ich gehe über zur Aufzählung der auf diese Weise gebildeten Fachausdrücke, wobei wieder nur Schottelsche in Betracht kommen: Ableitung derivatio; Verdopplung compositio; Vorstellung paradigma; Abwandlung declinatio; Veränderung motio; Ergrösserung comparatio; ergrösserlich comparabilis; Endung terminatio; verkleinert diminutivus; beifügiges Wort adjectivum; gegen-

---

[1] Vgl. Schottel. a. a. O. 68 f., 98 f., bes. lib. II, cap. XI, 317-397. Harsdörffer, Poetischer Trichter, III. Teil, 18 f.; Specimen Philologiae Germanicae, 12.

wärtige, fast vergangene, vergangene, ganz vergangene,
zukünftige Zeit : praesens, imperfectum, perfectum, plus-
quamperfectum, futurum; Zeitwandlung conjugatio;
wirkende leidende Deutung, activum, passivum; Bei-
strich, Beistrichlein, comma; Einschluss parenthesis;
Kennletter littera characteristica; Grundrichtigkeit ana-
logia, ebenso Gleichrichtigkeit; Nachdruck emphasis;
Anmerkung observatio; Abmessung scansio; Abschnitt
caesura; Reimung rhythmificatio; vierversige Reime
oder Vierlinge für quadratin; sixains sechszeilige, Sechs-
linge; Vernennung metonymia; Abgesang refrain; Vorlauf
acrostichon; Nebenverstand oder -bericht synecdoche;
Umsetzung metaphora; Deutungsänderung tropus; Reim-
bindung Vers;[1] Verblüm- oder Uebertragung metaphora;
Rechtschreibung orthographia. — Verdeutschungen mit
Hilfe der Ableitung für anderweitige Fremdworte finden
sich bei Schottel etwa folgende :[2] Darstellung actio;
Stetswährenheit; Eigener proprietarius; Gleicher arbi-
trator; Geschlechter patricius; Rüger, Angeber de-
nuncians; Gegenheit oder Landschaft; Herkommenheit
observantiae modus; Nahheit proprietas; winkelmässig
normalis; Gleichstimmung symphonia; ebenweitig paral-
lelus; ebenweitiger Abstand parallelismus; gleichstimmig
consonans; Erblasser testator; Ausrede elocutio; ein-
lautend einsilbig; Fügung constructio; kunstmässig;
rechten oder processiren; übersetzen, Uebersetzung für
dolmetschen; wesentlich essentialis; zueignen für de-
diciren.

Bei Harsdörffer : Musicalisches Gezeug für Instru-
mente; Verbündnis ligue; Rottirnugen oder innerliche

---

[1] Doch wird regeimässig Vers gebraucht.
[2] Ich bemerke ausdrücklich, dass es sich hier nur um eine
ungefähre Ausgabe handelt, denn das Gebiet ist zu unsicher und
schwankend, um bestimmt die Anzahl abgrenzen zu können.

Aufstånd; Gastung oder Gasterei; Mitverselbstung con-
substantiantia; Luftgeburten meteora; Absatz der Noten
oder Pausen; Erklärung oder Glosse; Abteilung oder
Kapitel; Verseltung rarefactio; Bescheidenheit Dis-
cretion; Zahlsteigerung nach der Rechenkunst progressio
arithmetica; Himmelsgeschick deus ex machina; Betrachtung meditatio; Beweistum demonstratio; Erfin-
dung inventio; vielfältigen multipliciren; Gegensach-
walter; Gebände metra; Umschreibung circumscriptio;
Unterweisung disciplina.

Für ein weiteres Mittel, fremde Worte durch
deutsche zu ersetzen, wurde die Wiedererneuerung alter
Ausdrücke angesehn. Dieses Feld hat besonders Harsdörffer angebaut. Schottel scheint sich hierüber im Unklaren gewesen zu sein, denn er sagt, wie man das alte
Geschirr nicht wegwerfe, sondern umschmelze und es
den Forderungen der Gegenwart anpasse, so müsse man
es auch mit den alten Wörtern und Redensarten [1] halten,
die Griechen und Römer hätten das Gleiche gethan. [2]
Am Anfange des Buches aber verwahrt er sich jedoch
energisch gegen einen derartigen Versuch, denn «dadurch wird der Ausübung der Muttersprache wenig fort-
geholfen, ist vielmehr zu verwerfen und wird an diesem
Orte auf solche Lapperei und Narrenschmuck gar nicht
gezielet.» [3] In der That lässt sich in seinem Wortschatze ein solcher «Altneuling» nicht aufweisen.

Anders dagegen Harsdörffer. Er ist der eifrige Verfechter dieser Wiedererweckung, insbesondere in seinem
Streit gegen Gueinz. Am klarsten und weitläufigsten
spricht er sich über diese Frage in seinem «Specimen

---

[1] a. a. O. 1233 f.
[2] a. a. O. 1244.
[3] a. a. O. 98 f.

Philologiae Germanicae» an jener Stelle aus, wo es sich
um den Namen der deutschen Philologie handelt. Er
führt aus, das altdeutsche Wort die «Witdoden»
heisse so viel als Philosophen, es sei zusammengesetzt
aus «wit» und «dod», von denen das erstere Glied im
Niederdeutschen «weise» bedeute und das andere sei
mit einem hebräischen verwant und heisse soviel als
«amicus, dilectus, pater spiritualis» u. s. w.[1] Dann fährt
er fort: «His praemissis respondeo, philologum secun-
dum analogiam linguae nostrae dici posse «einen Wort-
doden», sicut philosophum «einen Witdoden», quod
enim graecis est λογος, nobis est Wort . . . Porro ex
artificis nomine artem ipsam exprimere haud erit dif-
ficile, addito nimirum suffixo -schaft ut in Freund-
schaft . . . etc. Sic coalescit «Wortdodschaft.»[2] Ja,
Harsdörffer geht noch weiter, selbst Worten aus «den
alten celtischen (= germanischen), den schwedischen,
dänischen und niederländischen Sprachen» gestattet er
den Zutritt. Diesemnach könnte man Venus die «Minne»
oder «Freia» nennen. Selbst gebräuchliche deutsche
Worte können durch sie ersetzt werden: «Warum sollt'
ich nicht sagen können: hürten, luppen, göcheln, emsigen,
für stossen, verzaubern, Narrenhand treiben, geschwind
und fleissig etwas verrichten und viel anders.»[3] In
einem Gedichte gebraucht er für trüb «glum», das ein
altes Wort sei;[4] ebenso in einem andern «Sohm» oder
«Soom» für Last.[5] Harsdörffer fühlte sich in diesem
Vorgange besonders bestärkt durch Beispiele des Aus-

---

[1] a. a. O. 7 f.
[2] a. a. O. 10, 12.
[3] Gesprächspiele, I, Zuschreiben 26 f.
[4] a. a. O. VI, 102.
[5] a. a. O. VI, 243.

landes, so hätten auch Ronsard und Lope de Vega das Gleiche gethan. [1]

Eine letzte Art endlich, Fremdworte durch einheimische zu ersetzen, ist die Aufnahme von mundartlichen Ausdrücken. Wir haben schon oben gesehn, als wir den Schottel'schen Entwurf zu einem Wörterbuch kennen lernten, dass beide Männer ganz bestimmt die Aufnahme von Ausdrücken aus Gewerken und Handwerken forderten. Da nun einzelne Zweige derselben nur gewissen Volksstämmen, z. B. die Schifffahrt den meeranwohnenden Sachsen eigen, so ist damit die Forderung nach dialektischer Ergänzung erwiesen. Schottel äussert sich ausserdem hierüber folgendermassen : Soll ein Wörterbuch verfertigt werden «dann werden viele niederdeutsche oder niedersächsische Stammwörter .. notwendig deshalb müssen behalten und bekannt gemacht werden, weil solche gute, reine deutsche Stammwörter eines auf deutsch bekannten Dinges urankünftliche Andeutungen und dennoch im Hochdeutschen nicht allerdings bekannt sein. Die alten Franken, woher die hochdeutsche Aussprach eigentlich rühret, sind mit vielen Händeln, so die alten Sachsen sonderlich im Schiffwesen getrieben, unbemühet gewesen, und sind dahero viele deutsche Wörter im Hochdeuschen nicht bekannt.» [2] Daher wäre es sehr verkehrt, wenn sich Gelehrte fänden, die für Begriffsbezeichnungen dieser Art die lateinischen Worte zur Aushilfe zögen, meint er an einer andern Stelle. [3]

Dieser Art war das Wirken Schottels und seines

---

[1] a. a. O. I, Zuschreiben 26.
[2] a. a. O. 158, 176.
[3] a. a. O. 1256.

Freundes Harsdörffer. Unbestreitbar haben sie ihre Aufgabe in grossen Umrissen richtig erfasst und auch ohne Uebertreibung durchgeführt. Wenn sie zuweilen Seitensprünge machten und ganz abgeschmackte Verdeutschungen ans Licht förderten, wie z. B. Harsdörffer in seinen Personifikationen, so wird man dies dem Zeitgeiste zuschreiben müssen, der nun einmal Alles recht teutonisch haben wollte. Diese Spezialität Harsdörffers, die in Geschmacklosigkeit mit jeder Zesen'schen wetteifert, besteht darin, dass er personifizirten Begriffen deutsche Bezeichnungen gibt, die nach Analogie von deutschen Namen gebildet sind, so in seinem Freudenspiele der Vernunftkunst (Logica) : Redrich Discursus, Wahrmund Demonstratio, Rechthold Judicium, Wesemar Definitio, Trennheim Divisio, Finnigund Inventio, Wisstraut scientia, Wahngard opinio u. s. w.[1] — Dies ist eine Ausnahme; im grossen und ganzen haben diese Männer die bestehenden Fragen wenigstens theoretisch richtig angefasst und gelöst, sie waren begeisterte Patrioten, die sich aber nie zu nationalem Chauvinismus hinreissen liessen, die auch für die Vorzüge des Auslands, insbesondere für dessen litterarische, Herz und Verstand offen hatten.

Ich habe nun noch wenige Worte über den pegnerischen Blumenorden oder die Gesellschaft der Schäfer an der Pegnitz zu sagen, die für unsere Betrachtung insoferne Interesse hat, als sich in ihr der nimmermüde Harsdöffer neue Bahnen für seinen schaffenden Geist zu öffnen suchte. Der Wirkungskreis dieses Ordens liegt auf einem andern Gebiete, als auf dem unsern. Von Harsdörffer und Klaj 1642 gegründet,

---

[1] Krause, Der fruchtbringenden Gesellschaft ältester Erzschrein, 331; Gesprächspiele, IV, 35.

wollte er unter den Landsleuten auf genossenschaftlichem Wege für die Sprachreinigung werben.[1] Das, was derselbe bezweckte, besagt der 3. Paragraph seiner Satzungen : «.... ein Jeder hat darauf fleissigst zu sehn, dass unsere teutsche Muttersprach in ihrer natürlichen Art erhalten, zu einem mehrern Wachstum gebracht, in ungezwungener und wohleingerichteter Zierde vorgetragen und zur weitern Lieblichkeit, zumalen in der Reim- und Dichtkunst, gefördert werde ....»[2] Unter den Mitgliedern nimmt ausser Harsdörffer als bedeutender Purist eine hervorragende Stellung ein, Birken oder Betulius. Klaj kommt für uns, da er als Purist auf seine Zeitgenossen weniger oder gar nicht eingewirkt hat, nicht in Betracht. Birkens « friederfreute Teutonie », eine «Geschichtsschrift», behandelt Nürnbergs Friedensfeierlichkeiten vom J. 1648. Prinzessin Teutonie kommt auf die Schäden Deutschlands zu sprechen und so auch auf die Sprachverderbnis. Für Sprachreinheit werden die uns schon bekannten Gründe : Wortreichtum, Altertum der Sprache, sprachliche Verderbnis bedingt auch die sittliche u. s. w., vorgebracht. Entsprechend den Ansichten seines Freundes Harsdörffer ist auch Betulius in seinen puristischen Ansichten gemässigt. Er beklagt das Treiben der Hyperpuristen und meint blinder Eifer schade nur. Selbstverständlich versucht auch er sich im «Verdolmetschen», wie nun einmal der Ausdruck lautete. Ich führe etliche Verdeutschungen an, ohne die Verantwortung zu übernehmen, dass Betulius sie zuerst geschaffen : Schaubogen Portal ; ein köstlich Confect-

---

[1] Amarantes, Historische Nachricht von des löbl. Hirten- und Blumenordens ... 3 f.
[2] Amarantes, a. a. O. 56.

oder Nachtisch; Salve oder Losung; subjecta oder
Mittelspersonen; Confect- oder Lusttisch; horizon oder
Teilkreis der Erde; Ratificationen oder Bekräftigungs-
schriften; Amnestie oder Vergessenheit; baraque oder
Hütte; Credenzen oder Schenkstellen; Zankgöttin Eris
oder Zweitracht; Castell oder Festungshaus; Echo oder
Gegenhall.

Mit dem Tode der Gründer ging es dem Pegnitzer-
orden, wie allen andern gleichgesinnten Brüdern; die
Schäferspielerei, die schon zu Harsdörffers Zeit üppig
geblüht hatte, bildete den einzigen Daseinszwek desselben. Wie weit sich diese Epigonen von den Absichten ihrer Meister entfernt, beweist ein Brief aus
dem J. 1671, den ein Mitglied des Ordens geschrieben,
der aber an Unsauberkeit der Sprache sich mit jedem
Alamodebrief messen kann.[1]

In die Reihe Schottels und Harsdörffers gehört
auch Christian Gueinz, ein Gelehrter, der zu Anfang
der 40er Jahre eines der angesehensten Mitglieder
der fruchtbringenden Gesellschaft war, der aber dann
infolge seines Streites mit Schottel allen Ansehens und
Rufes unter den Palmgenossen verlustig ging. Das
Streitobjekt interessirt uns weniger, es handelte sich
nämlich um die Frage, ob das Deutsche (Keltische)
älter als Latein und Griechisch und Hebräisch sei, und
ob letztere vom erstern entlehnt oder umgekehrt.[2]
Gueinz steht uns näher mit seiner Ansicht über diese
Entlehnungen. Es ist eine Narrheit, meinte er, zu
glauben, dass das Keltische früher gewesen sei als das
Griechische und dass die Hebräer von den Kelten
Worte entlehnt. «Sind Feigen, Cedern, Purpur auch

---

[1] Amarantes, a. a. O. 321.
[2] Vgl. Krause, a. a. O. 253 ff.

deutsche Wörter? Wo findet man die? wahrlich sie
werden uns aus den Morgenländern anhero gebracht. *
So ist es auch eine lächerliche Thorheit anzunehmen,
dass Adam ein Deutscher gewesen sei.[1] Dies gefiel den
teutonisch gesinnten Männern des Palmordens allerdings nicht. Schottel aber wies haarscharf nach, dass
gerade das Umgekehrte der Fall sei, indem er sich
auf ältere Gelehrte (wie Becanus) stützte, die zwar dieselbe Ansicht, aber keine Beweise gebracht hatten.
Gueinz war der verständigere, wenn er sagte, mögen
auch die Deutschen die Römer besiegt haben, so waren
sie doch Barbaren und haben mit der römischen Kultur
auch die Worte übernommen. Aber Schottel hatte damals mit seinen schmeichelhaften Ansichten die Herren
von der Fruchtbringenden auf seiner Seite und Gueinz,
den Fürst Ludwig mit den Worten «das ist ein lateinischer Deutscher und kein deutscher Lateiner» bezeichnete,[2] kam in Misskredit. Seine Stellung zum
Purismus aber unterscheidet sich von der Schottels
und der übrigen in Nichts. Auch er schreibt, dass es
«schändlich» sei, wenn man die Seinigen verachte, aber
noch «schändlicher» sei die Hintansetzung der eignen
Muttersprache.[3] Wie alle übrigen Völker ihre geistigen
Angelegenheiten durch die heimische Sprache besorgen
liessen, so sollten es auch die Deutschen halten. «Dero-
wegen höchlich zu beklagen ist, dass die Deutschen
nunmehr aus den andern Sprachen soviel Wörter
gebrauchen, als wenn sie fast keine Rede mehr führen
könnten, die nicht bald französisch, bald italienisch,
bald spanisch, bald lateinisch untermengt wäre.»[4] Von

---

[1] Krause, a. a. O. 253 ff.
[2] Krause, a. a. O. 263.
[3] Deutscher Sprachlehre Entwurf, 7.
[4] a. a. O. 10.

Gueinz, dessen Stellung zur Entlehnungsfrage ich oben
angedeutet habe, ist es nicht anders zu erwarten, als
dass er an Fremdworte das Bürgerrecht erteilte,
«sintemal die Deutschen von andern Völkern viel
erlernet» und sie mit den Sachen auch die Worte
übernommen haben.[1] In heftigen Streit geriet er mit
Harsdörffer darüber, ob alte «verlegene» Ausdrücke
wieder aufgefrischt werden dürften. Gueinz verneint
das, denn es sei ein Armutszeugnis, wenn wir nicht
soviel «Zierlichkeit» besässen, um neue Worte für
unsere Bedürfnisse zu schaffen, es sei eine gleiche
Geschmacklosigkeit, alte oder fremde Worte zu unter-
mischen. Recht scharf spricht er sich über diese Frage
in den Briefen des «Erzschreines» aus. Es handelt sich
um das uns schon bekannte «Witdod» und um das
an diesem gebildete «Wortdod». Gueinz sagt, man
rede, um verstanden zu werden, verstanden werde
aber nur das gebräuchliche Wort, daher sei lieber
«Weltweiser» und «Wortforscher» oder «Wort-
deuter» oder «Wortlieber» zu setzen. Ausserdem
gebe er zu bedenken, ob denn die alten Deutschen
überhaupt *philosophi* gekannt. Er glaube dies nicht,
sie seien vielmehr, wie Tacitus richtig sage, Barbaren gewesen und hätten keine Ahnung von Philosophie gehabt. Wenn dem nicht so wäre, dann müsse
auch bewiesen werden, dass wir von den Hebräern,
Griechen und Römern keine Künste und Wissenschaften gelernt. Das sei aber nicht wahr.[2]

Gueinz gebührt neben Schottel das Verdienst, ganz
Bedeutendes für die Prägung deutscher Kunstworte
geleistet zu haben. Er war der erste, der im Namen

---

[1] a. a. O. 5 f. Krause, 369 f.
[2] Krause, a. a. O. 366 ff.

der fruchtbringenden Gesellschaft eine Sprachlehre her-
ausgab. Hier finden sich nun Ausdrücke, die Schottel
übernommen hat, um eben der Einheitlichkeit der
Terminologie keinen Abbruch zu thun.[1] Gueinz beklagt sich, dass Schottel « unserer Arbeit in Verdol-
metschung der Kunstwörter, auch Beschreibung derselben ohne Benennung gebraucht. »[2] In soweit müssen wir in mancher Beziehung ihm die Priorität lassen,
aber den Worten Leben und Dauer gegeben zu haben,
ist das Verdienst Schottels, denn Gueinzens Arbeit
wurde bald von der Schottels in den Hintergrund
gedrängt. Aber Schottel weicht auch ab, so sagt er
nicht entspringliche sondern abgeleitete Worte, Wurzel
nicht Ursprungswort, Verkleinerungs- nicht vermin-
dertes Wort u. s. w.

Am Schlusse dieses Abschnittes ist es angezeigt
noch einige bedeutendere und minder bedeutendere
Sprachlehren zu erwähnen, die von der fruchtbringenden Gesellschaft oder besonders von Schottel beeinflusst worden sind.

Da stellt sich in die erste Reihe Tscherning, der
nicht nur als Grammatiker, sondern auch als Dichter
thätig war, der sich in den puristischen Bestrebungen mit
Schottel und Opitz eins fühlte.[3] Er hat sich Schottels ge-
mässigte Ansichten über Purismus zu eigen gemacht,
und auch dessen verdeutschte Kunstworte, wenn er
solche überhaupt gebraucht, denn in der Regel führt
er die lateinischen ein; so finden wir Rechtschreibung,
Anmerkung, Dopplung, Wortzeit, steigende und fal-

---

1 Vgl. Gueinz, a. a. O. 122-125.
2 Krause, a. a. O. 260.
3 Vgl. Unvorgreifliches Bedenken über etliche Missbräuche...
55, 57.

lende Reime u. s. w. Seine Abhängigkeit von Schottel
zeigen schon die vielen Verweise auf dessen Sprachkunst.
Georg Neumarck, der Historiograph des Palmordens, einer von jenen Alten, die mit Herz und Hand
an die Reinigung und Verbesserung der deutschen
Sprache gingen, bewegt sich auch in den Gedanken-
kreisen der Gesellschaft, deren Mitglied er war, er
beklagt tief den Verfall dieser Gesellschaft, denn der
Uebermut der deutschen Französlinge verdirbt die
Sprache noch mehr. Damit die deutsche Sprache nun
endlich zu ihrer reichen Entfaltung komme, legt er
allen Genossen dringend die Bitte ans Herz, wenn
sie nun nicht schreiben wollten, dann möchten sie
wenigstens mit Rat und thatsächlich reinem Gebrauche
der Sprache die Bestrebungen unterstützen.[1] Ich brauche nicht noch besonders aufmerksam zu machen, dass
er von Wandlung, Fügung, Mundart... spricht, d. i.
gegebenenfalls die Schottel'sche Terminologie in An-
wendung bringt.

Enoch Hannmann hat 1645 eine Ausgabe von
Opitzens Teutscher Poeterei besorgt und dazu Anmerkungen geschrieben, in denen er zwar Reinheit
der Sprache verlangt, aber sagt, dass die Fachwörter
der übernommenen Wissenschaften und Künste nicht
verdeutscht werden müssten, denn die Römer, die
Ueberwinder Griechenlands hätten sich auch nicht ge-
schämt von den Besiegten « *termini technici* oder Kunstwörter» zu entlehnen, doch hätte Schottel bewiesen,
dass man sehr «glücklich» lateinische Ausdrücke übersetzen könne.[2] Bedeutung gewinnt er für uns dadurch,
dass er Lufterscheinung. für *meteoron* geschaffen hat.[3]

---

1 Der neusprossende Teutsche Palmbaum, 471 ff.
2 Opitz, Prosodia Germanica, 121 f.
3 a. a. O.

Christian Pudor [1] sagt, weltkundig sei das Verdienst der fruchtbringenden Gesellschaft; die deutsche Sprache brauche keine fremde Aushilfe, ihr Wortschatz reiche aus. Die deutsche Terminologie Schottels hat auch er übernommen.

V.

Zeigen sich schon bei Schottel und Harsdörffer bedenkliche Schwankungen über die Grenzen des guten Geschmackes und des Erlaubten, bei Männern, die sich über die Frage der Entbehrlichkeit und Unentbehrlickkeit der Fremdworte klar geworden waren, so darf es uns gar nicht wundern, dass wir bei Zesen, der sich hierüber stets im Unklaren geblieben ist, alle jene Geschmackslosigkeiten und jenen deutsch-sprachlichen Radikalismus finden, den man sich gewöhnt hat, auf die sämtlichen Bestrebungen des Jahrhunderts zu übertragen. Mit welchem Recht, das ist eine andere Frage, denn Zesen hat, wie sich aus dem folgenden Abschnitte ergeben wird, seine schärfsten Gegner in der Reihe der Puristen gefunden, — sie haben an seinen Ueberspanntheiten keinen Anteil.

Zesen hat nie klar und deutlich die Grenzen vor Augen gehabt, bis zu welchen er mit seinen Verdeutschungen gehen dürfe. Im Prinzip ist er geneigt, einige Fremdworte bestehn zu lassen; so schreibt er in der Vorrede zu seinem «Ibrahim», dass er auch Bastard-(Lehn-)worte verdeutscht (er meint Fenster und Pistol) und gezeigt habe, dass unsere wortreichste Hauptsprache

---

[1] Vgl. Der Teutschen Sprache Grundrichtigkeit ...

auch diese entbehren könne, aber er fügt hinzu «alle
dergleichen auszurotten bin ich nicht gesinnt».[1] Diese
Unsicherheit spricht sich am deutlichsten in einem Briefe
aus, er schreibt da über seinen «Ibrahim»: »Die Uebersetzung der fremden, in unsere Sprache geschlichenen
Wörter, ist mehr aus Lust und zum Versuch, was in
dergleichen könnte geleistet werden, als andern zur
Nachfolge geschehn. Wer aber hierinnen nachfolgen
will, dem wird es bei Verständigen zum Ruhme gedeihn
und ich möchte wohl wünschen, dass wir dieses Falles
sämtlich eines Sinnes wären und die fremden Wörter
ganz ausrotten oder zum wenigsten nur erwiesen, dass
man sie auch deutsch haben könnte.»[2] Dagegen ruft er
ein andermal aus, kein lateinisch, griechisch oder hebräisch Wort dürfen wir gebrauchen, noch weniger aber
gestatten, dass aus den modernen Sprachen «ein und
das ander Wort so vermessentlich in unsere allervoll-
kommenste Haupt- und Grundsprache eingeflickt werde»:[3]
ein ganz wunderliches Hin- und Herschwanken. Aber
die Ansicht, dass Lehnwörter geduldet werden dürften,
wiegt doch vor. Im Helicon verlangt er, dass alle
Fremdlinge, die nun einmal das Bürgerrecht hätten,
beibehalten, aber mit deutschen Lettern geschrieben und
deutsch flectirt werden müssten.[4] Das Wort «Pilgram»
muss, weil es sich schon längst in unsere Sprache
«eingeschlichen», beibehalten werden;[5] ein Gleiches
gilt von «Natur»,[6] Medicus, Medizin, Patient,[7] Dol-

---

1 Ibrahim, S. 10.
2 Bellin, Sendeschreiben der deutschgesinnten Genossenschaft,
Nr. 5.
3 Hochdeutsche Sprachübung, 41.
4 Ebenso Hochdeutsche Sprachübung, 85 f.
5 Rosemund, 331.
6 Hochdeutscher Helicon.
7 Hochdeutsche Sprachübung, 85 f.

metscher, Post, Person;[1] das Gleiche von den Ge-
wächsen, Mineralien, Erzeugnissen fremder Länder; so
spricht er in seinen Romanen von Balsam, Demant,
Kristall, Korallen, Purpur, Topas, Rubin u. s. w. In
einer besonders segensreichen Stunde hatte er nämlich
für Pomeranze Goldapfel[2] gesetzt. Diese günstige Gelegenheit wurde von seinen Gegnern sofort aufgegriffen,
aufgebauscht und Zesen untergeschoben, dass er selbst
für eingeführte Gegenstände deutsche Benennungen
setzen wolle. Dieses unklare Widerspiel zeigt sich am
auffallendsten 'in dem praktischen Gebrauche solcher
Wörter, einmal liest man «grosse Zeugemutter aller
Dinge», einmal Natur, dann wieder Tageleuchter und
bald darauf Fenster, so Venus und Lustinne, Liebreiz
und Cupido u. s. w.[3]

Sein Drang, die deutsche Sprache kristallhell und
rein zu gestalten, die Muttersprache unabhängig von
allen fremden Einflüssen zu machen, hat je nach der
Laune des Augenblicks die Grenzen bald enger, bald
weiter gezogen. Zesen ist der gerade Gegensatz von
Schottel. Letzterer ist der klare Verstand, der Gelehrte, der das Für und Wider genau abwägt — Zesen
dagegen der Dichter, der in feuriger Begeisterung für
die nationale Sprache schafft und wirkt, und je unge-
zügelter diese Leidenschaft flackert und je mehr er sich
von der Erhabenheit der Volkssprache vordeklamirt, um
so verderbenbringender wird er den Fremdwörtern.
Nur, wenn wir eine solche überhitzte Begeisterung an-

---

[1] a. a. O. 90.

[2] Vgl. Anhang zur «Lustinne» (Rosemund, 367).

[3] Ich halte es für angezeigt, hier zu bemerken dass Z. alle diese
Verdeutschungen auch in prosaisch-wissenschaftlichen Schriften
gebraucht, wo es sich also nicht um «Metaphern», wie Gervinus
glauben machen möchte, handelt.

nehmen, können wir uns seine Verleugnung eigner Sprach-Sprösslinge erklären. «Ich wundere mich», schreibt er, «woher jene ehrlosen Schand- und Land-lügen herrühren, dass ich Windfang für Mantel, Tage-leuchter für Fenster, Sattel- oder Reitpuffert für Pistol gebrauchen wolle.» Darüber hätte man sich eines an-dern belehren lassen können, wenn man «sein klügel-weises Löschhorn nur ein Stündlein» in Zesens Schriften hätte stecken wollen.[1] Thatsache ist, dass er die oben angeführten Worte, mit Ausnahme von Mantel, ver-deutscht und gebraucht hat.[2] Es lässt sich nicht leugnen, dass sein Hyperteuto-nismus nur allmählich herangereift ist. Die bis zum Jahre 1645 herausgegebenen Schriften tragen noch deutlich die Spuren der gemässigten Richtung. Da finden wir nicht nur die termini technici der lateinischen Metrik,[3] so: anapästisch, jambisch, trochäisch u. s. w., sondern auch durchwegs griechisch-mythologische Na-men: Cupido, Diana, Styx u. s. w. und soziale Aus-drücke, wie Secretarien, Echo, Chor, Magister u. s. w., Ausdrücke, die er später alle aus dem deutschen Sprach-schatze verbannte. Erst mit der Herausgabe «Ibrahims» und «Rosemunds» (1645) schlägt er jene schärfere Tonart an, die alle puristischen Bestrebungen in Misskredit zu bringen geeignet war. Zügellos wurde er nun im Ver-deutschen, und man vermisst oft, trotz seinen gegen-teiligen Versicherungen, ein Verständnis für die deutsche Spracharbeit. Selbst Klarheit und Deutlichkeit, die er selbst als Zielpunkte aller Uebersetzung hinstellt, gehn ihm nur zu oft in seinem chauvinistischen Ausmerzen

---

[1] Heliconische Hechel, 100 f.
[2] Vgl. Anhang zur «Lustinne» (Rosemund, 367 f.).
[3] Die Beispiele sind aus «Frühlingslust» entnommen.

alles Fremden verloren. Und er liess sich in seinem,
wirklich gut gemeinten Vorhaben nicht beirren, trotz
aller Mahnrufe seiner Gesinnungsgenossen schritt er auf
dem betretenen Wege unbekümmert fort. Aber Zesen
war eine dichterische Natur und so liest sich seine Prosa
leicht und fliessend, nur zuweilen schrecken oft unge-
heuerliche Wortverbindungen und -bildungen den Leser
aus einer etwaigen Beschaulichkeit der Lektüre empor.
Darüber, wie zu verdeutschen sei, hat sich Zesen
nicht ausführlich geäussert, doch betrachtet man die neugeschaffenen Worte und fasst seine gelegentlichen Aeus-
serungen zusammen, so ergeben sich die von Schottel
und Harsdörffer angewanten Mittel.

Neue Wortwurzeln können nicht geschaffen werden,
äussert er, höchstens solche, die einen Naturlaut bezeichnen.[1] Wohl kann aber ein Wort aus einem oder
mehreren andern abgeleitet werden. Hierin liegt die
vornehmste Fähigkeit der deutschen Sprache, fremde
Worte durch eigene zu ersetzen, oder für neugeschaffene
Begriffe auch den Ausdruck zu bilden. Es ist aber zu
bemerken, dass «solcher Name oder solches neue Nenn-
wort nach des Dinges Eigenschaft, d. i. inn- oder äusser-
lichen Gestalt und Wirkung aus der Natur der Sprache
. . . gemacht und gebildet werden».[2]

Es empfiehlt sich, die Zesen'schen Verdeutschungen
in zwei Gruppen zu teilen, in die eine, seine verdeutschten Kunstworte und die mit diesen in einem gewissen
innern Zusammenhang stehenden mythologischen Benennungen zu reihen, in die andere Gruppe diejenigen
Worte, welche mehr Eigentum des täglichen Gesell-
schaftslebens werden sollten.

---

1 Rosenmand, 23.
2 Rosenmand, 28.

Darüber, dass für Künste und Wissenschaften deutsche Ausdrücke geschaffen werden müssten, waren bekanntlich Schottel, Harsdörffer und mit ihnen alle andern Puristen einig. Zesen stimmte bei. Er führt die uns schon bekannten Gründe an. Wie der gemeine Mann für alle seine Werkzeuge, Arbeiten und Handlungen deutsche Ausdrücke gebraucht, für jede neue Art seiner Thätigkeit und den damit verbundenen neuen Bedürfnissen aus dem Brunnquell der deutschen Sprache schöpft, so ist es auch für die Gelehrten und Künstler eine heilige Pflicht, für ihre mannigfaltige Bethätigung deutsche Bezeichnungen zu prägen und durch sie die vorhandenen fremden zu ersetzen. [1] Die Schottel'schen Kunstworte übernimmt Z. selbstverständlich, denn ihm kommt es ja nur auf eine deutsche Terminologie an, gleichviel, wer sie geschaffen, so: Lehrsatz regula, Geschlechtswort articulus, Selbstlauter vocalis, Mundart dialectus, Abmessung scansio, Ableitung derivatio u. s. w. u. s. w. [2]

Ein wenig bebautes Feld fand er in der Poetik vor. Entsprechend seinem Grundsatze, in der gelehrten Terminologie keine Ausnahmen zu machen, hat er nun hier seine Fähigkeiten erprobt; dass dabei manch treffliche Bildungen sind, mögen folgende Beispiele beweisen: Glosse Spruchlied; Rondeau Ringelgedicht; Accolade Flügelgedicht; accentus metricus Reimfall; Sextine Sechssatz und Epigramm Sinngedicht. [3]

---

[1] Heliconische Hechel, 78.

[2] Vgl. Hochdeutscher Helicon: »Anzeiger der gebrauchten verdeutschten Wörter.«

[3] Die Annahme, dass Logau zuerst die Bezeichnung Sinngedicht geschaffen, ist, soweit ich sehe, nicht richtig, denn Logau nennt seine Epigramme in der Ausgabe von 1637 noch *Reimensprüche* — und erst 1654 heisst es Salomons von Golaw *Sinn-Getichte*... Inzwischen hatte schon Zesen in seinem Helicon,

Aber während sich Schottel weise darauf beschränkte, nur einige wenige antike Versmasse ins Deutsche herüberzunehmen,[1] und er somit den Konsequenzen abgeschmackter Verdeutschungen entging, übernahm Zesen alle dieselben und belegte sie mit deutschen Benennungen. Das bedachte er nicht, dass die Sprachen auch in der Rhythmik ihr eigenes Recht hätten, und so kam er dazu, die ungeheuerlichsten Wortbildungen ins Leben zu rufen.[2] Mit den fremden Kunstworten, die Schottel in der Uebung beibehalten hatte, machte er kurzen Prozess. Warum sollen wir aus andern barbarischen Sprachen Wörter entlehnen, als wenn wir nicht genug hätten?[3] Für ihn gab es keinen Vers oder Strophe, sondern nur Reimband, Dichtband, Gesätze, Spruchrede, keine Silbe, sondern Wortglied,[4] kein einsilbig, sondern eingliedrig, keine Melodie, sondern Gesangweise, keinen Psalm, sondern Andachtslied, Roman, sondern Wundergeschichte u. s. w.

An diese Umgestaltung der Terminologie auf wissenschaftlichem Gebiete reihen sich enge an seine missglückten Versuche, den griechisch-römischen Olymp in deutschem Gewande in die Zunftsprache der Poeten einzuführen. Darüber besteht kein Zweifel, dass mit diesem Geschenke des Humanismus ebenso aufgeräumt werden könne, wie mit der sonstigen Latinisirung der deutschen Wissenschaft und Poesie durch die hu-

---

nach der mir vorliegenden Ausgabe, 1640 den Ausdruck Sinngedicht geprägt. Allerdings haben Logaus Epigramme erst dem deutschen Ausdrucke Lebenskraft verliehen.

[1] Vgl. Sprachkunst, 919.
[2] Vgl. Hochdeutscher Helicon, 3.
[3] Sprachübung, 39.
[4] Wortglied rührt von Schottel her, aber er gebraucht stets Silbe, einsilbig . . .

manistischen Bestrebungen. Zesen hatte Recht, wenn
er hierauf bestand. Die Folgezeit hat dies bestätigt,
denn heutzutage gehört doch ein Aufputz mit griechisch-
mythologischen Floskeln zu den Zöpfen vergangener
Zeiten. Ja, Zesen hatte in der Theorie denselben Vorgang im Auge, den die modernen Dichter befolgen,
wenn sie nun einmal personifiziren wollen. Leider
blieb er aber mit der That weit hinter dem Gedanken
zurück. Man darf uns nicht beschuldigen, dass wir
nicht im Stande wären, für die heidnischen Götternamen
deutsche zu schaffen, «dass wir aus unsrer Sprache
und aus unserm Gehirne nicht soviel zu Wege bringen
möchten, dass wir eine sonderliche Dichterei aus dem
Wesen der Dinge, die christlicher und verantwortlicher
wäre, als die heidnische, erfinden und den Tugenden,
Künsten und herrschenden Kräften der Natur deutsche
Namen geben könnten, wie die Heiden in ihren Sprachen
gethan». [1] Man sieht, er ist sich darüber klar, dass die
antik-griechische Vorstellungsweise wesentlich verschieden von der unsrigen ist, und dass demgemäss auch
unsre etwaigen Personifikationen sich von den griechischen unterscheiden müssen und dass so auch die alten
Götternamen für uns keinen Wert haben. Thatsächlich
hat sich aber Zesen an diese Gedanken nicht gehalten.
Denn, hätte er korrekt das oben Gesagte befolgen wollen,
dann hätte er überhaupt den ganzen griechischen Olymp
über den Haufen werfen müssen, und er wäre zu einem
noch grössern Revolutionären gestempelt worden, als er
es ohnehin durch seine Namenverdeutschungen wurde,
denn dies antik-liebliche Zauberwesen konnten und
wollten die Zeitgenossen nicht entbehren. Zesen hat
aber seine begründete Ansicht nicht weiter beachtet,

---

[1] Hochdeutscher Helicon.

sondern einfach mit Beibehaltung der antiken Vorstel-
lungs- und Anschauungsweise nur die Namenbezeich-
nungen «verdolmetscht».

Harsdörffer hat diese Frage auch durch einige
deutsche Benennungen gestreift. Er zog aber geschmack-
voll vor, anstatt aus dem Begriffe der Eigenschaft ein
Wort zu prägen (wie es Zesen thut), nur Göttin mit
beigefügter Eigenschaftsbestimmung zu sagen, so Göttin
des Verstandes, der Gnade, Huld, der Wissenschaft und
Künste u. s. w.; noch glücklicher war sein «Waldgeist»
für Satyr, dies ist eine Umsetzung der oben angezogenen
Zesen'schen Theorie und es ist eine Personifikation, wie
man sich sie auch heutzutage gestattet. Wie ganz anders
Zesen! Geist- und geschmacklos behängt er den griechischer Gott oder Göttin mit einem ärmlichen deutschen
Gewande. Man höre:

Aphrodite oder Venus Lustinne, Liebinne, Lach-
mund oder Schauminne oder auch Freia; Amor oder
Cupido Liebreiz oder Lustkind; Aurora Rötinne; Actaeon
Weidmann; Charitinnen Holdinnen; Chloris oder Flora
Bluminne. «Man könnte sie nach ihrem Gemahl, dem
West, auch Westinne nennen», nach Analogie von
Zephyr und Zephyritis. [1] Diana Weidinne, Jagtinne;
Echo Schallinne, Wiederruf; Germania Deutschinne;
Juno Himmelinne; Jupiter Erzgott; Mars Heldreich; Nep-
tunus Schwimmart oder Wasserreich; Pallas Kluginne,
Blauinne; Pomona Bauminne, Vulcanus Glutfang. [2] Ich
kann mirs nicht versagen, diese Götter in deutscher
Gewandung auch handelnd vorzuführen: «Der Liebinnen
Ehmann, der besudelte Schmied Glutfang, stund von
ferne bei seinem Amboss, kratzte sich mit der Linken

---

[1] Vgl. Anhang zur Lustinne (Rosemund, 324).
[2] Vgl. Anhang zur Rosemund, 366 f.

im Kopfe, in Meinung, die Hörner, die ihm Heldreich
aufgesetzt hätte, loszuwerden.»[1]

Fragt man, weshalb Zesen diese Gestalten des
schönen Griechentums Landes verweisen wollte, so
erhält man nur eine Antwort, diese Götzen und
Götzinnen dürfen in keine christliche Dichtung aufgenommen werden, denn sie «stinken zu sehr nach
dem Heidentum»,[2] auch die Geistlichkeit eifert dagegen, denn es sei ein Rückfall in das Heidentum.
Rist, der ehrwürdige Pastor zu Wedel, wünscht, dass
seine Jugendthorheiten, in denen er die griechischen
Gottheiten besingt, in Vergessenheit geraten möchten,
denn diese Götter waren «Diebe, Mörder, Ehebrecher,
Knabenschänder, Bluthunde, ja sogar leibhaftige
Teufel.»[3]

An einer andern Stelle bekämpft Zesen diese My-
thologie noch deshalb, weil sich an deren Träger
gewöhnlich unsittliche Vorstellungen knüpften, so an
«die Erzhure Venus und ihr Hurenkind, der Huren-
kuppler Cupido», und diese die Jugend nur zur
«Geilheit» reizten.[4] Ob aber Zesen durch seine Verdeutschungen diesen hochmoralischen Zweck erreichte,
ist eine andere Frage, denn er schrieb und dichtete,
wie der oben angeführte Satz zeigt, trotz der deutschen
Namen aus der antiken Vorstellungsweise heraus.

Dass diese verblüffenden Extravaganzen den Spott
und Hohn herausfordern mussten, liegt auf der Hand
und Rachel stellt sich auch mit folgenden Versen in
Zesen'schem Stile ein :

---

[1] Rosemund, 60.
[2] Bellin, Sendeschreiben . . ., Nr. 20.
[3] Rist, Poetischer Schauplatz, Vorbericht.
[4] Hochdeutscher Helicon.

Der Erzgott Jupiter, der hatte sich zu letzen
Ein Gastmahl angestellt. Die Weidinn gab das Wild,
Der Glutfang den Tabak, der Saal ward angefüllt.
Die Obstinn' trug zu Tisch in einer vollen Schüssel,
Die Freie sass und spielt mit einem Liebesschlüssel,
Der kleine Liebreiz sang ein Dichtling auf den Schmaus,
Der trunk'ne Heldreich schlug die Tageleuchter aus,
Die Feurinn' kam dazu aus ihrem Jungfernzwinger
Mit Schnäbeln angethan; Apollo liess die Finger
Frisch durch die Seiten gehn. Des Heldreich Walthauptmann
Fing lustig einen Tanz mit den Huldinnen an.[1]

Enge verknüpft mit diesem Kampfe gegen die antiken mythologischen Namen, ist der gegen die fremde
Benennung der Helden und Heldinnen in den Dichtungen. Schon die fruchtbringende Gesellschaft und
die andern Patrioten murrten gegen diese Unsitte und
drangen auf Einführung deutscher Männer- und Frauen-
namen. Dieser Forderung nun hat Zesen weitgehend
Rechnung getragen.[2] In seinen Dichtungen lieben,
seufzen und entsagen die Rosemunds und Markholds
Wahrmunds, Adelwehrts und Deutschliebs u. s. w.

Zesen hält sich auch an die Forderung, die ebenfalls durch den Palmenorden in Fluss gebracht wurde,
an die Forderung nämlich, auf die alten deutschen,
vom Kaiser Karl geschaffenen Monatsnamen zurück-
zugehn und Oster-, Wonne-, Heumonat zu gebrauchen
für April, Mai, Juni. . . .

Ich gehe nun zu der zweiten Gruppe seiner neugeschaffenen Worte über, jenen Worten, die ein
Eigentum der gesamten Volkssprache werden sollten.
Um Erspriessliches auf diesem Gebiete zu leisten, ist
eine besonders weise Mässigung notwendig. Denn hier
handelt es sich ja darum, die Grenzen zwischen Fremd-

---

1 Satyrische Gedichte, 197 f.
2 Vgl. Hochdeutscher Helicon.

und Lehnwort möglichst scharf und klar zu ziehen,
zu unterscheiden zwischen Worten, die nur in den
gebildeten Kreisen eine gangbare Münze sind, denn
diese Fremdworte liessen sich vielleicht durch neuge-
bildete deutsche ersetzen — und solchen Ausdrücken,
die schon enge verwebt sind mit der Vorstellungs-
und Anschauungsweise der breiten Volksmasse. Dem
gemeinen Manne sind Ding und Wort so innig ver-
wachsen, dass man den fremden Ausdruck nur mit
dem Begriffe selbst entfernen könnte. Dass Zesen für
eine solche Thätigkeit mit seinen unklaren Ansichten
über Fremd- und Lehnwort die ungeeignetste Per-
sönlichkeit war, muss zugegeben werden. Und seine
reformatorischen Vorschläge sind an dieser, von ihm
nicht erkannten Thatsache gescheitert. Hier halfen
ihm alle seine vorzüglichen Eigenschaften, die ihn
sonst zu puristischer Thätigkeit geeignet machten,
nichts. Weit glücklicher ist er in seinen Wortbildungen
für solche Begriffe, die in das Deutsche noch eingeführt werden sollten.

Mag man über Zesens Verdeutschungen denken
wie man will, das muss zugestanden werden, dass
wir eine derartige Vertiefung in Form und Sinn des
Wortes selbst bei Schottel vergeblich suchen. All sein
Wissen, seine Studien, seine Gelehrsamkeit ordnete
er diesem Zwecke unter. « Die Verdeutschung der
fremden Kunst- und anderer Wörter,» schreibt er,
« machet mir auch viel zu thun ... da muss ich bei
einem Worte bald das ebräische, bald das griechische,
bald das lateinische, bald das englische, bald das
niederdeutsche und also alle Sprachen, die ich zur
Not nur aus diesen Ursachen habe verstehn lernen,
mit den hochdeutschen zusammenhalten, damit ich
aus ihren Wörtern teils die unsrige verstehe, teils

auch, wenn sie nicht recht deutsch sein, anders
geben könne.»[1] Und, wenn man sich mit dieser
Arbeit befassen will, muss man die fremde Sprache,
aus der übertragen wird, so genau kennen wie die
deutsche, denn die Redensarten müssen nach dem
«Verstande», nicht nach dem « Buchstaben» gegeben
werden.[2] «Man muss der Sache wohl nachdenken,
sagt er anderswo,[3] «und ein scharfes vernünftiges Urteil von jedem zu fällen wissen, ehe man etwas ändert,
das dem Gebrauche schon beliebet.» Daher ist Deutlichkeit und Klarheit des Ausdrucks notwendig.[4]

Es wird sich aus dem Folgenden ergeben, dass
Zesen diese Sätze praktisch mit redlichem Eifer durchzuführen gesucht, dass es also nicht leere Worte waren,
wie wir dieses bei seinen mythologischen Umwand-
lungen feststellen konnten.

Also klar und deutlich muss der neue Ausdruck
sein. Daher sein mühevolles Streben, jede Seite des
fremden Wortes, jeden eigenartigen Sinn desselben
herauszufinden und denselben durch ein anderes fest-
bestimmendes Wort oder Wortverbindung wiederzu-
geben. Wenn er «Natur» durch das übelberüchtigte
«Zeugemutter» ersetzen zu können glaubte, so vergass
er nicht auch die andere Bedeutung, welche den Begriff «Charakter» ausdrückt durch «Art, Wesen, Eigenschaft» zu bezeichnen[5] — und der heutige Gebrauch
hat ihm Recht gegeben. Dieses Flüssige, dieses Um-
formen und Ringen um die beste Bezeichnung zeigt

---

[1] Bellin, Sendeschreiben ..., Nr. 10.
[2] Sendeschreiben an den Kreuztragenden, 11.
[3] Bellin, Sendeschreiben ..., Nr. 10.
[4] Heliconische Hechel, 71.
[5] Ibrahim, 11.

sich in allen seinen Verdeutschungen, so bildet er für Triumpf Siegesgepränge, Siegesfeier, Siegeseinzug.[1] Seine Analogien, die er dringend als Empfehlungs- marke für das neue Wort stets beachtet, erstrecken sich nicht nur auf einheimische,[2] sondern auch auf fremde Worte und Wortverbindungen. So hat ihm bei der Prägung des «Tageleuchters» nicht nur fenestra, das eine gleiche Bedeutung hat, weil es von φαινσθαι d. i. leuchten herrührt, sondern auch vornehmlich das eng- lische «Window d. i. Windling, Luft- oder Wind- loch» vorgeschwebt.[3] Ferner hat ihn zur Umdeut- schung des Wortes Fenster noch das Wort «Lüchter» bestimmt, das die alten Deutschen gekannt und ge- braucht haben sollen. Ueberhaupt ist er der Auf- nahme alter Ausdrücke nicht abgeneigt, er fordert sie sogar.[4]

- Zu Neubildungen aber griff Zesen nur dann, wenn sich für den fremden Ausdruck oder Begriff, den er einführen wollte, im deutschen Wortschatze keine deckende oder wenigstens ähnliche Bezeichnung fand. So handelt es sich um die Wiedergabe des «l'Aga de Janissaire», da sagt er dafür «Hackenschützen-Oberster», «denn die Deutschen pflegen die Janitscharen Hacken- oder Hockenschützen zu nennen und hat das Wort Hacke bei ihnen soviel geheissen, als Muskete oder arquebuse à croc, wie das Wort Doppelhacke noch anzeiget, daher könnte man das Wort mousquetaire nicht besser als Hackenschütze geben.»[5] Aehnlich ver- hält sichs mit den folgenden Ausdrücken: Satrape,

---

1 Ibrahim, 11.
2 Vgl. Ibrahim, 13.
3 Ibrahim, 13 f.
4 Vgl. Ibrahim, 15.
5 Ibrahim, 10.

ein Landeshauptmann; Allah, Gott; Alkoran, Gesetz Gottes oder muhamedanisches Gesetz; laquais, Beiläufer, Trossbube; Turban, Bund (türkische Mütze); Muphti, der Türken Papst oder, welches deutscher, hoher Gottesgelehrter; Dervi, Geistliche, muhamedische Ordensleute, Bettelmönche. Des Grosstürken Hof, Serraï oder Serrail, gibt er mit «Burg» wieder, oder wie sonst am türkischen Hofe auch geredet wird, die « hohe Pforte». Für Armee, Heer, Kriegsheer, Heereslager, Heerzug; Compagnie, Schar, Heerschar; Generalstab, Heerstab; Generalissimus, Feldherr, Kriegshaupt; General, Heerführer. Einen kaiserlichen «ambassadeur» nennt er Grossgesandten, und einen fürstlichen, Gesandten, und den einer Stadt, Abgesandten.[1] Man sieht, wie er auf klare, scharfumgrenzte Bezeichnung drang.

Ich gehe nun über zur Aufzählung seiner weitern Verdeutschungen und ich hoffe die Ueberzeugung wird sich Jedermann aufdrängen, dass Zesens neue Worte keine willkürlichen Einfälle des Augenblicks, sondern vorsichtig erwogen sind — nur zerstört er diesen guten, gewinnenden Eindruck wieder durch seine schrankenlose Verdeutschungswut.

Elementum, Urwesen; die Benennung der Holländer Haupt- oder Urzeug gefällt ihm nicht, besser ist «Hauptwesen, Urnährwesen, nach dem Latein- und Böhmischen ein Urfang, Urding».[2]

Persona, Menschgeschöpfe, Selbstand, Menschenbild (nach Manns- und Weibsbild geförmt); persönlich, selbwesentlich, selbständlich; niepce, neptis, Kleintochter (wie Grossvater = Vater des Vaters) oder Untertochter, Jungtochter.[3]

---

[1] Ibrahim, 10 ff.
[2] Ibrahim, 11.
[3] Ibrahim, 13.

Für Opfer hat schon Luther «Gabe» gebraucht, andere aber Heil- und Weihgabe, Zesen übernimmt die Ausdrücke und gebraucht ferner in ganz bestimmtem Sinne Heil- oder Pflichtgabe.[1] Für «antipodes» sagen Manche «Gegengänger», «Gegenwandler», «Gegenfüsser» aber passt ihm besser.[2] Die Franzosen sagen für Magnet *aimant* und wir könnten Liebestein übersetzen, weil er aus einer sonderlichen verborgenen Kraft und Eigenschaft, ja gleich als aus einem heimlichen Triebe der Liebe das Eisen an sich zieht.[3] Den Horizont nennen Einige entsprechend dem lateinischen finitor oder finiens «Gesichtsendiger»,[4] «Gesichtskreis» aber ist viel besser. Den römischen Kaiser nennt er Erzherrn oder Erzkönig, die sonstigen Monarchen, Grossherrn oder Grosskönige; Pabst Grosserzvater; General-Major Grossoberhauptmann; Major oberster Wachtmeister oder Oberhauptmann; Lieutenant, Walthauptmann, des Hauptmanns Stellvertreter, Stattverseher, Platzvertreter, Stellhalter; Lieutenant Colonel Schalt oder Waltoberster («nach Schaltjahr») d. i. der des Obersten Stell' verwaltet, des Obersten Stellvertreter;[5] thronus Reichsstuhl; corona Reichs- oder Königskranz; sceptrum Reichsstab;[6] status monarchicus der einhäuptige Stand oder Beherrschung; status oligarchicus der vielhäuptige Stand; status democraticus

---

[1] Sendschreiben an den Kreuztragenden..., 36 f.
[2] Zugabe oder Anmerkungen über «Simson», S. 65·
[3] a. a. O. 46 f.
[4] a. a. O. 65.
[5] Für diese letztern Verdeutschungen ist nicht Zesen verantwortlich, er hat sie nämlich von Rist entlehnt. Vgl. dessen «Rettung der edeln Teutschen Hauptsprache...»
[6] Vgl. Ibrahim, 12.

der allhäuptige Stand oder Beherrschung; politisch
weltselig; Galere «Walschiff oder Walleie». — Mi-
nute Zeitblick; Moment Augenblick; Teppiche Prunk-
tücher; Masque Mumgesicht; Grotte Lusthöhle; jalou-
sie Scheelsüchtigkeit, Liebeseifer; spaziren lustwan-
deln; Cabinet Beizimmer; complementen Prunkreden,
Wortgepränge; bleaumourant sterbeblau; Tempel Got-
teshaus, -bau; Altar Gottestisch; Fieber Zittersucht,
Schauern oder Wechselweh; Brettspiel für Schach-;
Karten oder Spielblätter; Subtilität oder Spitzfindig-
keit; Barbier Wundarzt; Hohe Schule für Universität; Kritik Scheidezeichen; Dutzend d. Zwölfte;
Original Ursprungswerk; Melodie Ton oder Gesangs-
weise; chevalier Ritter, Held, rittermässige Person;
Materie Sache; Duell Zwêstreit; Componist Stimm-
setzer; Concert Stimm- oder Lautenstreit; Autor
Verfasser; Secretär Geheimschreiber oder Schrein-
halter; Register Blattweiser; senatus consultum Rats-
schluss; plenipotenz Vollmacht; pandectae Rechtsbe-
griff; Contract Vertrag; ususfructus Fruchtniessung;
usucapio Gewährserhaltung; donatio Uebergebung
oder Uebergabe; testamentum Erbsatzung oder letzter
Wille; legatum Vermachung; capitis diminutio Haupt-
verringerung; curator Verpfleger; satisdonatio cura-
torum Vorstand, der Vormünder; agnati Blut- oder
Stammfreunde; [1] und schliesslich seine gewagtesten,
phantastischsten Erzeugnisse : Natur Zeugemutter;
Fenster Tageleuchter; Kloster Jungfernzwinger; Pistol
Reit- oder Sattelpuffer; Pomeranze Goldapfel. In
dem Anzeiger seiner verdeutschten Ausdrücke zur
«Rosemund» (S. 366 f.) sind diese fünf letzten Ausdrücke angeführt, Löschhorn für Nase fehlt. Dies

---

[1] Vgl. diese juristischen Ausdrücke Rosenmand, 44.

Wort ist mir an zwei Stellen aufgestossen: wie wird
die Welt ihr Löschhorn rümpfen,[1] und an der schon
oben angeführten Stelle.[2] Da es sich hier um eine
heftige Polemik handelt, ist vielleicht nicht anzunehmen, Zesen habe ernsthaft Nase durch Löschhorn ersetzen wollen.

Die fünf letzten Worte und seine mythologischen
Albernheiten sind die wunde Stelle, an die sich seine
Zeitgenossen und die spätern Generationen hielten,
um sein ganzes Wirken als lächerlich überspannt und
verschroben an den Pranger zu stellen.[3]

Noch einige Auswüchse seines Hyperteutonismus
dürfen nicht unerwähnt bleiben.

Schottel, Harsdörffer und Gesinnungsgenossen
lassen in « Scherzgedichten » die Fremdworte bestehn,[4]
sie verkennen nicht, dass dadurch eine höhere komische

---

[1] Vorrede zum Simson.

[2] Heliconische Hechel, 100 f.

[3] Einen Nachahmer fand Zesen im Elsass in Rumpler von
Löwenhalt, den er im Jahre 1645 in die Rosenzunft aufgenommen
hatte. Rumpler hatte schon 1633 mit einigen Freunden die «Auf-
richtige Gesellschaft von der Tanne» gegründet, deren Satzungen
von den Mitgliedern verlangten, sich «alter teutscher Aufrichtig-
keit und reiner Erbauung unserer werten Muttersprach zu be-
fleissen». Sie ist aber ohne Bedeutung geblieben, denn — nach
freundlicher Mitteilung Herrn Prof. Martins — war es nur eine
Gesellschaft Strassburger Studenten. Rumpler nun übernimmt
von Zesen die Forderung, alle fremden Worte aus der Sprache
auszumerzen; so gebraucht er im Anschlusse an Zesen für Kirche
und Schule, Bet- und Lehrhaus, für Opfer Heiligengab und Art
für Natur. Auch den Gebrauch der heidnischen Götternamen bezeichnet er als eine «schlechte Belustigung» und wünscht, dass
man deutsche dafür schaffe. Ferner hält er es für seine Pflicht,
alte deutsche «vergessene oder gemissbrauchte» Worte wieder in
ihre Ehren einzuführen. so für Sohn, Bar, Wât für Gewand,
Minne für Liebe, Wigand für Helden u. s. w. (vgl. die Vorrede zu
dem in «Litteratur» angeführten Werke).

[4] Vgl. Harsdörffer, Poetischer Trichter, III, 15.

Wirkung erzielt werde. Auch Zesen verschliesst sich dieser Thatsache nicht — aber seine teutonischen Ohren würden durch diese Fremdlinge so verletzt werden, dass er des Genusses verloren ginge. Daher findet er folgenden Ausweg: «wenn man ja scherzen wollte, so könnte man lieber die alten verlegenen deutschen Wörter wie «vaken» für ofte, «schabernacken» für durchziehn u. dgl. nach eines Jeden Belieben, doch behutsam gebrauchen.»[1] Selbst die arabische Ziffer verschont er nicht. Die deutschen Zahlen müssen gebraucht werden.[2] Nun ist man begierig, welches denn die echten, unverfälschten Zahlbezeichnungen sind, und da findet man, dass er im Anschlusse an die römischen deutsche Buchstaben in gleichem Werte und gleicher Bezeichnung gebraucht. Nur jenen Männern, die viel zu rechnen haben, als da sind «Kaufleute» und «Sternkundige», gestattet er der «Kürze» wegen eine Ausnahme zu machen.[3]

. Ein weiterer Ausfluss eines übertriebenen Purismus war Zesen's Orthographie. Er bezeichnete die Buchstaben c ph qu y als fremd und forderte deren Ausscheidung, «denn sie verwirren, verderben, verstellen» unsere ganze «Schreibrichtigkeit».[4] Deshalb ist er auch auf die Holländer böse und nennt sie Affen der französischen Orthographie. Dies reizte zu lebhaftem Widerspruch. Derselbe aber steigerte sich zu offener Befehdung, als Zesen noch weiter ging, die damalige Rechtschreibung auf den Kopf stellte und nur das phonetisch-historische Prinzip gelten liess.[5] Um diese

---

1 Hochdeutscher Helicon.
2 Hochdeutsche Sprachübung. 89.
3 a. a. O. 89.
4 Heliconische Hechel, 92.
5 Rosenmand, 142.

Schrullen nun hat er die erbittertsten Angriffe zu bestehn gehabt, und wenn man ihm vorwirft, dass er die deutschen Worte undeutsch mache, so bezieht dies sich zum Teil auf seine Schreibweise. [1]

Selbsverständlich war es, dass Zesen für seine Ansichten Freunde zu werben suchte. Solche nun hat er in Ueberfülle gefunden. Am 1. Mai 1643 gründete er die deutschgesinnte Genossenschaft, die in Folge der grossen Anzahl der Mitglieder von einer Zunft, auf die allein es ursprünglich abgesehn war, bis auf neun erweitert werden musste. Der Zweck besteht auch für sie darin, die Einmischung fremder Worte zu verhüten und sich im Reden und Schreiben der «besten und und reinsten meissnischen oder obersächsischen Mundart» zu bedienen. [2] Aber auch neue Anhänger für diesen Gedanken zu werben, forderten die Satzungen [3] von den Mitgliedern. Dieser Sprachverein hat mit und durch Zesen seinerzeit einen grossen Ruf gehabt. Ganz Sklave seines Herrn und Meisters, suchte er in fanatischer Weise dessen An- und Absichten in alle Welt hinauszutragen und zu verwirklichen. Bekannt als solcher überhitzter Zesenianer ist Bellin, der vor allen ein starrer Verfechter der neuen Orthographie war. Sonst ist von dieser Gesellschaft nichts zu melden, zu Zesens Lebzeiten zählte sie neben dem Haupte nichts und nach dessen Tode fiel sie allmählich der Vergessenheit anheim.

Sucht man nach den Gründen, die Zesen auf der schiefen Bahn dieses oft geschmacklosen Ausmerzens alles Fremden immer weiter drängten, die ihn selbst

[1] Vgl. Heliconische Hechel, Schreiben des Wohlriechenden.
[2] Das hochdeutsche Heliconische Rosenthal, 31 f.
[3] a. a. O. 34.

die wohlwollenden Mahnrufe seiner Freunde von der
fruchtbringenden Gesellschaft überhören liessen, so findet
man ungefähr folgende. Vorerst ist aber der Vorwurf
seiner Feinde, dass Zesen sich nur aus selbstgefälliger
Eitelkeit in die Vorderreihe dränge, abzuweisen. Denn
dieser Absonderlichkeiten hätte es nicht bedurft, um
von sich reden zu machen, da ja Zesen nach dem von
mir schon oben angeführten Zeugnisse Ludwigs hinlänglich als eine anerkannte philologische Grösse bekannt
war.[1] Man vergleiche ausserdem die vielen Lobgedichte,
die die berühmtesten Puristen auf seine Spracharbeiten
vor 1645 schrieben, in denen er als einer der grössten
gefeiert wurde.[2] Man vergleiche ferner, was ein Freund
über ihn berichtet, die Meisten sagen, Herr Caesius
würde ein grosser Mann geworden sein, wenn er nicht
eine so wunderliche Schreibart herfürgebracht hätte.[3]
Wenn es sich für ihn also blos um Ruf und Ansehn
gehandelt hätte, was hätte ihn da verhindern sollen,
diese anstössigen Ansichten fallen zu lassen — dann
wäre ihm Ruhm und Verehrung gesichert gewesen und
alle Verhetzungen und Verfolgungen wären ihm erspart
geblieben. Nein, aus Eigenliebe allein hat er sich nicht
zur Zielscheibe des Witzes und Spottes seiner Zeitgenossen gemacht. Es ist vielmehr jene tiefe patrio-
tische Leidenschaft, die in allen diesen Männern mehr
oder weniger heftig pulsirt, jene mass-, oft sinnlose
Vergötterung der niedergetretenen Muttersprache, die
ihn, missachtend das Hohngelächter seiner Zeit, seinem
Sprachideale nachjagen lässt. Aus Liebe zum Vaterland
und aus Liebe zur Sprache schreibe ich, ruft er in

---

[1] Vgl. Krause, 339 f.
[2] Vgl. bes. die vorgedruckten Gedichte zur «Sprachübung».
[3] Bellin, Sendeschreiben . . ., Nr. 16.

einer seiner ersten Schriften aus.[1] Und dieser Liebe ordnet er nun alle seine Arbeiten unter. Zesen ist's auch, der in jener Zeit, die tief verehrungsvoll unter dem Zeichen Opitzens steht, mahnend und spornend ruft: lasst uns nicht ruhn. Denn, dass man so wenig gute Werke in unserer Sprache findet, hat man der «köpfischen Art» und «Faulheit» unserer Väter zu verdanken, sie dachten, der grosse Luther hätte nun für alle Zeiten für den Ruhm der deutschen Sprache ge-sorgt — aber Luther war kein Gott, sein Werk musste vervollkommnet werden. So hat auch Opitz in der Poesie nicht Alles geleistet, es bleibt noch Manches zu thun übrig, darum gebe Jeder sein Bestes der Muttersprache![2]

Dies der ideale Grund, nun kam noch dazu, dass Zesen oft und lange Zeit in Holland verweilte, in jenem Lande, wo die Sprachreinigung am schärfsten und schonungslosesten durchgeführt wurde. Dass ihn dieses Vorbild zur Nachahmung aufforderte oder ihn in seinem radikalen Vorhaben bestärkte, ist klar. Die Holländer waren die ersten, berichtet er, welche eine «reine, mit fremdem Geschmeisse unbefleckte Rede» forderten. Dieses Beispiel muss nachgeahmt werden, denn die meisten Holländer schreiben nun «rein und unver-bastert», so wie die Sprache aus ihrem «Mutterschosse» geflossen.[3]

Bedenkt man ferner, dass der jedenfalls etwas eitle Zesen von Freunden umgeben war, die jeden seiner Schritte. guthiessen, die ihn abgöttisch ver-ehrten, die in dem «grossthätigen» Herrn Zesen schmei-

---

[1] Vgl. Rosenmand, Vorrede; ebenso Vorrede zur «Frühlings-lust».

[2] Vgl. Rosenmand, 206 ff.

[3] Das Hochdeutsche Heliconische Rosenthal, 6 f.

chelnd den Apostel eines neuen Sprachevangeliums
sahen, so wird man begreifen, dass derselbe immer
rücksichtsloser seinen Purismus durchzuführen suchte.
Komm und rette die Ehre der deutschen Sprache,
schreibt ihm ein Anhänger, kümmere dich nicht um
die neidsüchtige Welt, du hast ihr nichts anders
gethan, als dass du «durch deine himmlischen Tugenden» und deine «göttergleichen Gaben» die Heldensprache aus dem Schlamme erhoben hast.[1] Und
Zesen war nur zu geneigt, alle diese Einflüsterungen,
dass nur der giftige Neid ihm übel wolle, als bare
Münze anzunehmen. Schreibt er doch von sich selbst:
«Du beklagest dich,... dass man mir nicht widerstehn könne, weil ich allzu scharfsinnig im Reden,
allzu listig in Ausflüchten und allzu flüssig in der
Feder sei.»[2] Aber auch die höhnischen Zurufe seiner
Feinde, wenn er einmal ein Fremdwort gebrauchte,
mögen ihn immer weiter getrieben haben. So berichtet
er uns, «dass etliche naseweise Klüglinge.....
überall ausgerufen, dass ich zu jeder Zeit so straff
auf die hochdeutsche Reinlichkeit...., nun barbarische
Wörter gebrauchete.» Aber Maske ist kein fremdes
Wort, denn um dieses handelt es sich, sondern ein
echt deutsches und hängt mit «Masche» zusammen.[3]
— Und doch gibt er an einem andern Orte «Mumm-
gesicht» als Verdeutschung.[4]

Als Abschluss für dieses Kapitel über Zesen füge
ich ein Urteil bei, das mir die sprachlichen Verdienste desselben trefflich zu charakterisiren scheint.

[1] Heliconische Hechel, Schreiben des Wohlriechenden.
[2] Rosenmand. Vorrede.
[3] Rosenmand, 108.
[4] Anhang zur Rosemund.

Ungefähr hundert Jahre nach der Zeit der stärksten
puristischen Bewegung des 17. Jh. schrieb Elias Kaspar
Reichard eine Historie der deutschen Sprachkunst und
gelangt hier zu folgendem Urteile über Zesen: Unter
seine vorzüglichsten Eigenschaften gehört « sein Eifer
für die Ausbesserung und Bereicherung der deutschen
Sprache . . . Dieser Liebe, diesem Eifer opferte er seine
Kräfte, seine Einkünfte, seine Ruhe, seine Gemäch-
lichkeit, ja ich möchte wohl sagen seine Ehre auf.
— Denn eben dieser Eifer setzte ihn so widrigen
Urteilen, so starkem Neide, so vielfältigem Tadel, so
manchen Verleumdungen aus . . . Eben dadurch musste
er sich einen Sonderling, einen Grillenfänger, einen
Wortklauber, und ich weiss nicht was noch mehr,
schelten lassen. »[1]

————

VI.

Ich habe schon angedeutet, dass Zesen seine heftigsten Gegner in der Reihe der Puristen, insbesondere
der fruchtbringenden Gesellschaft fand. Laut erhob man
Widerspruch gegen diese Auswüchse einer überspannten
Deutschtümelei, denn in diesem abenteuerlichen Radikalismus erblickte man mit Recht den grössten Feind der
Sprachreinigungsbestrebungen.

Die Vermittlungsversuche Ludwigs und endlich den
Bruch zwischen Zesen und dem Palmorden habe ich
oben erwähnt. Die offne Bekämpfung, welche Ludwig
angekündigt hatte, erfolgte nun. Beinahe jedes schriftstellerisch thätige Mitglied der fruchtbringenden Gesell-

————

[1] a. a. O. 154 f.

schaft beklagt oder verhöhnt die «fremden, unerhörten
Worte», die Zesen erfunden.

Schottel sagt in seiner Charakteristik der zeitgenössischen Schriftsteller, dass Zesen der «deutschen
Sprache mächtig und sonderlich in Poesie eine fertige
und nicht unliebliche Art» habe — aber deutsche Worte
auszustossen und dafür undeutsche aufzunehmen ohne
gründliche Ursache, sei ein Werk überhitzter Einbildung,
so sich verständigen Beifalls wenig versichern könne.[1]
Noch schärfer lässt er Zesen und Genossen in folgendem
an: einige wollen echte teutsche Worte ausmustern und
«hergegen ein ander Senf, eine ellenlange Umschreibung,
oder erdichtetes, neues, unnötiges, unteutsches Wort
aufbringen, blos aus kindischer und närrischer Unwissen-
heit» und wie die Sprache von ihren Verderbern «zur
Bettlerin und Allmannshuren, also wird sie von diesen
zur Diebin gemacht und das heisset dann der Muttersprache zum Besten, was Treffliches erwiesen und sich
als ein Sprachheld dargestellt haben».[2]

Harsdörffer beklagt sich über die «Brudler», die
aus Unverstand die freien Künste verfinstern und ein
«Irrgewirr» machen, «dass sich ihrer Viele deswegen
von der deutschen Spracharbeit abwenden».[3]

Die gleiche Klage erhebt auch Rist.[4] Kaum haben
Schottel, Gueinz, Harsdörffer u. A. die deutsche Sprache
der Verachtung entzogen, siehe, da finden sich Sprach-
helden, die dieselbe in eine neue Form umgiessen
wollen, «vielen Wörtern einen unglaublichen Ursprung
andichten» und dadurch unsere so hochgepriesene
Muttersprache «deroselben Spöttern und Verächtern

---

[1] Ausführliche Arbeit . . ., 1201.
[2] a. a. O. 1246.
[3] Gesprächspiele, II, 39.
[4] Poetischer Schauplatz, Einleitung.

höhnisch zu verlachen, gleich mutwilligerweise übergeben und unter Füsse treten.»

Kaspar Ziegler fragt höhnisch, wie? «wenn nun eine
Jungfrau, indem sie nach dem Kloster ginge, auf die
Frage, wohin, antworten sollte und sie spräche: nach
dem Jungfernzwinger, — wer wollte da nicht lachen!»[1]
Seinem Hans Wurst, der ein Poet werden will,
empfiehlt Reinhold Hartmann, jedes Wort, das ihm
fremd klänge, auszustossen und dafür ein selbstge-
schaffenes, wie Zeugemutter für Natur, Erzvater für
Pabst u. s. w. zu setzen.[2]

Aus der grossen Anzahl der Gegner hebe ich noch
besonders zwei hervor, von denen vornehmlich der eine,
Grimmelshausen, das Beissendste geschrieben hat, was
je gegen Zesen und Genossen gerichtet worden ist.

Ihr Herrn Landsleut, die ihr euch für Sprachpolirer
ausgebet und nur pur Teutsches haben wollt, warum
verweiset ihr nicht auch «Pforte» und «Türe», die doch
eben so fremd, wie «Fenster»? Aber wie wollte man sie
nennen, «Eingang, Ausgang, Beschliessung, Oeffnung»?
Ja, die Worte haben wir schon. Woher wollet ihr die
Namen nehmen für all die fremden «Gewächse, Bäume,
Wurzeln, Früchte und Kräuter»? Wo in aller Welt
die vielen Gevattersleut für die Täuflinge? Das ist wahr,
assa foetida nennen wir «wegen seines bösen Geruchs
Teufelsdreck», wie nun *assa dulcis* wegen seiner Lieblichkeit? vielleicht Engelsdreck? Ei pfui! das wär' ja
närrisch und gottlos geredet, als unflätig und schändlich
es lautet. Was würde das für eine babylonische Verwirrung in der Apotheke geben! Ihr aber stellt alles
auf den Kopf und sollte man euch gewähren lassen, «so

---

[1] Von den Madrigalen, 2 f.
[2] Reime dich oder ich fresse dich, 82.

würdet ihr in kurzer Zeit einen solchen ungeheuern, mit
allerhand närrischen Rätherschen[1] verworrenen *Labyrin-
thum* aus der tapfern Teutschen Heldensprache machen
und auferbauen, dass sich Niemand mehr hineinfinden
oder herauswickeln, ja endlich weder der Teufel noch
seine Mutter verstehn, noch einiger Oedipus, ja die
Sphinx selbst nit erraten könnte, was ein Teutscher von
dem andern haben wollte».[2] Mit euren eiteln Missge-
burten, den funkelnagelneuen — oder gar den hervor-
geholten alten, schon vor tausend Jahren abgenutzten
Worten, gebt ihr unserer hohen, ernsten Teutschen
Sprache das Aussehn eines Narren im Fastnachtkleide.[3]
Und endlich Christian Weise fragt : ihr Lesebengel
und Papierverderber, wo habt ihr eure *Autorität sta-
bilirt,* dass ihr die Sprache, welche von Fürsten und
Herrn gebraucht wird, nach euren eigensinnigen Grillen
umschmelzen wollt ?[4]

Es liessen sich noch eine Menge von Angriffen anführen, so nennt Logau Zesen einen «Gerneklug», —
es genügt aber festzustellen, dass Zesen unter den bedeutenden Verfechtern der Sprachreinigung keine Anhänger fand.

Wenn nun auch diese hervorragenden Vertreter
des deutschen Schrifttums Zesen und Genossen heftig
befehdeten, so waren sie doch nicht Widersacher des
Purismus. Nein, im Gegenteil kann man sagen, dass
beinahe jeder von den deutschen Schriftstellern um und
nach der Mitte des 17. Jh. puristische Bestrebungen
unterstützte, denn die politischen und sittlichen Verhältnisse hatten einen gefährlichen Verlauf genommen.

---

[1] Rätseln.
[2] Grimmelshausen, Teutscher Michel, 373.
[3] a. a. O. 399.
[4] Die drei ärgsten Erznarren, S. 67.

Wenn je Deutschland in seiner nationalen Existenz bedroht worden ist, so war dies nach dem Abschluss des Osnabrücker Friedens der Fall.[1] Man braucht sich ja nur die Lage zu vergegenwärtigen. Auf der einen Seite Jammer und Elend — das trümmerbeladene, totenbedeckte Deutschland des 3ojährigen Krieges — und auf der andern Seite das mächtige, siegreiche Frankreich, das sich anschickte, den Gipfel seiner Macht zu ersteigen. Auf der einen Seite Deutschland, dessen sämtliche physischen, geistigen und sittlichen Kräfte durch die Religionswirren, durch den Krieg aufgerieben worden waren — auf der andern das Frankreich Ludwigs XIV., das in Litteratur und Kunst die Sonne eines goldnen Zeitalters aufgehn sah, das alle nationalen Kräfte gesammelt hatte zu früchtereichem Wettstreite in Gewerbe, Handel und Wandel. Welcher Unterschied! Wenn Deutschland vor dem Kriege frei von allen fremden Einflüssen gewesen wäre, so würde man es begreiflich finden, dass es nun nach diesen unheilvollen Verwüstungen des gewaltigen Krieges sich dem glücklichern Nachbar zugewant hätte, um an ihm eine Stütze zu weiterer Entwicklung zu finden. Da aber Deutschland schon vor und während des Krieges hinlänglich mit fremdem Wesen in Sprache und Sitte durchtränkt war, so darf man sich nicht wundern, dass es nun nach diesem unglückseligen Friedensschlusse zur dienenden Magd Frankreichs wurde in Sprache und Litteratur, in Tracht und Sitte. Man wird es begreiflich finden, dass der Purismus, der doch nicht nur Sprach-, sondern auch Sittenreinheit anstrebte, in allen patriotischen Herzen freudigen Anklang fand. Alle Dichter, denn sie waren jetzt die Rufer zu nationalem Erwachen, alle Dichter wurden mehr oder weniger in die

---

[1] Vgl. Leibniz, Unvorgreifliche Gedanken, 53.

Kreise der puristischen Bewegung gezogen. Man ging
auf das Volkstümliche in Sprache und Sitte zurück. Das
Deutschtum stellte man in den Vordergrund und suchte
alles Fremde abzuschütteln. So war es auch in der
Litteratur, die sich jetzt der lateinischen Fesseln voll-
ständig entledigte. Man ahmte zwar nach — aber drängte
auf nationalen Gehalt: und so kann man sagen, dass dies
gewaltige Ringen um deutsche Sitte, Ehr' und Zucht,
dass dies gewaltige Ringen um die deutsche Sprache und
um ihre Reinheit der Ausgangspunkt für die Entwicklung
der neuen deutschen Litteratur geworden ist.

Aber die sprachlichen Reinheitsbestrebungen wurden
in diesem wirren Chaos der Ausländerei erstickt. Die
Männer, die bis jetzt — in den 4oer und 5oer Jahren —
in den vordersten Reihen gekämpft, hatten sich erschöpft
und die neue Generation richtete iht Hauptaugenmerk
auf die Heilung der sittlich-gesellschaftlichen Schäden.

Bevor wir zu dieser letzten Phase übergehn, sei
die Breite der durch die fruchtbringende Gesellschaft
geförderten Bewegung in wenigen Strichen angedeutet.

Friedrich Spee, ein Jesuit, sagt, dass er trutz Nachti-
gall singen und beweisen wolle, dass auch die deutsche
Sprache zur Poesie und Dichtung fähig sei, dass der
Mangel einer deutschen Litteratur nicht von der Sprache
abhänge, sondern es «vielmehr an den Personen, so es
einmal in der deutschen Sprach wagen dörften, gemanglet
habe, und soll der Leser versichert sein, dass kein Wort
gebraucht, das sich nicht bei guten Autoren finden
lasse oder bei guten Deutschen bräuchlich seie.»[1]

Joachim Rachel, den wir schon aus den Spott-
versen auf den Olymp Zesens kennen, hatte für die
Sprach- und Sittenverderberei ebenso scharfe Worte.[2]

[1] Trutznachtigall, Vorrede.
[2] Vgl. Deutsche satyrische Gedichte, bes. VI.

Wenn ich ein Fremdwort höre, dann dünkt es mich, ein Floh spränge mir im Ohre herum, ruft Schupp, einer der vortrefflichsten Satiriker seiner Zeit. Direkt aber greift er in den Kampf durch Folgendes ein: «Höret und vernehmet doch ihr Schulregenten: es ist keine Sprache an eine Fakultät gebunden, auch keine Fakultät an die Sprache, warum sollt man nicht ebensowohl in der deutschen, als in der lateinischen Sprache sehn, was Rechts und Unrechts sei?» Es ist eine der grössten Thorheiten der deutschen Gelehrten, dass sie die Jugend zehn, ja noch mehr Jahre nur mit Latein abquälen. O, dass doch Gott einen Mann schickte, nicht, dass er neue Schulen aufrichtete, sondern die vorhandenen änderte und besserte. Wie vortrefflich haben sich die Niederlande eingerichtet! «Wir sind *curios* über das Fremde und was uns für den Füssen, das achten wir wenig.» [1] ·

Gryphius endlich hat in seinem Magister Sempronius des Scherzspiels «Horribilicribrifax» die lateinisch-pedantische Schulmeisterei personifizirt, aber auch die titelsüchtigen, prahlerisch-verderbten Sitten seiner Zeit und die alamodischen Sprachmischer lässt er die Geissel seines Spottes fühlen.

Und Logau setzt seiner Zeit in folgendem Sinngedicht ein Denkmal:

Alamode-Kleider, Alamode-Sinnen
Wie sich's wandelt aussen, wandelt sich's innen.

Ich begnüge mich mit der Aufführung dieser hervorragendsten Vertreter der deutschen Litteratur aus den 40er und 5oer Jahren.

Alle diese Männer aber schrieben im Geiste Moscheroschs. Auch ihnen war, wie jenen Patrioten, die ich

---

[1] «Schriften», 547.

im 3. Kapitel aufgeführt, die Sprachverderbnis nur
eine besondere Erscheinungsform des allgemeinen Verfalls. Auch ihnen war der Kampf gegen die Fremdwörterei innig verquickt mit dem gegen die gesamte
Ausländerei. Aber diese Männer betonen noch schärfer
als jene den sittlichen Verfall des deutschen Wesens
und dessen Entnervung, die sie in enge Verbindung
mit dem französischen Einflusse bringen. Am tiefsten
beklagte diesen allgemeinen Niedergang Lauremberg,
der plattdeutsch schrieb, und so vor Augen führte,
welch schöne Schätze das Volksleben in seiner Sprache
berge. In seinen «vier Scherzgedichten» zeichnet er
in den dunkelsten Farben die damaligen gesellschaftlichen Zustände. Zu den uns schon bekannten That-
sachen fügt er noch neue Züge hinzu. Alles ist er-
griffen vom Grössenwahnsinn, niemand zufrieden mit
seinem Stande, der Bürger äfft den Adel nach und den
Bürger hinwieder der Bauer. Alles hängt der Alamode
an, das gute Alte wird verachtet und keinen Heller
wert gehalten. Und all diese Thorheiten holt man aus
Frankreich, das wie eine Hyäne die Deutschen herbei-
lockt und ihnen das Blut aussaugt.[1] Den meisten
Kummer aber macht ihm die Alamodesprache, denn
sie ist an aller Hoffahrt schuld. Alles muss mit ausländischen Worten zusammengeflickt und mit hohen
Titeln durchspickt sein.[2]

Und erst, wenn man liest, in welch tiefe Abgründe
das gesellschaftliche Leben versunken war, dann versteht man all jenen bittern, herben Spott, mit dem
diese Satiriker die Zustände des Zeitalters geisselten;
dann versteht man, wie nun allmählich anstatt des
sprachlichen Purismus das Verlangen nach Reinigung

---

[1] a. a. O. 10.
[2] a. a. O. 48.

der Gesellschaft, das Verlangen nach Rückkehr auf die alte, ehrenvolle deutsche Zucht und Sitte immer mehr in den Vordergrund trat, bis endlich diese Frage die einzige war, die die besorgten Vaterlandsfreunde beschäftigte. Diese Wendung zeigt sich recht deutlich an einem der letzten Ausläufer des Purismus im 17. Jh. Grimmelshausens «Teutscher Michel» fasst noch einmal alle jene Gründe, die in den 40er und 50er Jahren den Sprachverderbern entgegengehalten wurden, zusammen. Es ist die letzte Kraftanstrengung jener Bewegung, die sich hauptsächlich an die Namen des Fürsten Ludwig und seiner Gesellschaft, Schottels und Moscheroschs besonders, knüpft. Denn man wird nicht leugnen können, dass der «Teutsche Michel» wesentlich unter dem Einflusse der Gedanken eines Moscherosch und der andern Puristen steht. Er bringt im wesentlichen, wie sich noch ergeben wird, nichts Neues, es sind die alten Waffen.

Grimmelshausen sagt ungefähr folgendes:

Durch Vermittelung der Sprachkundigen haben die Deutschen Künste und Wissenschaften und das heil. Wort kennen gelernt. Daher ist die Kenntnis vieler Sprachen eine göttliche Gabe. Aber es ist eine Thorheit zu verlangen, dass nun Jeder fremde Sprachen kennen müsse, als ob Gott nur in diese «Weisheit und Verstand, ja alle Kunst und Wissenschaft verborgen.»[1] Ausgelacht müssen diejenigen werden, die hochtrabend aus der Fremde heimkommen und «kaum etwas von unserer Nachbaren zusammengeflickten Sprachen verstehn oder daherlallen können» und nicht bedenken, dass diese Sprachen «unserer vollkommenen in, an und vor sich selbst bestehenden Teutschen Heldensprach, weder an Güte noch Alter-

---

tum das Wasser nicht zu bieten vermögen.»[1] Wer
sollte nicht über diese Phantasten lachen, die sich
durch närrische Veränderung der Sitten und Kleidung
verlarven und ihre Landsleute verachten, «weilen sie
nit so meisterlich als sie auf böhmisch stehlen, auf
kretisch lügen, auf italianisch zu löffeln, auf spanisch
zu schmeicheln und zu betrügen, auf russisch zu
prahlen und auf gut französisch potzmartern wissen.»[2]
Tiefe Trauer ergreift den Patrioten, wenn er sieht,
wie diese Leute zu «Affen fremdländischer Nationen»
werden, wenn er sieht, wie sie sich nicht nur fremde
Sprachen, Speisen und Kleidungen angewöhnt, sondern
auch ein «zärtlich weibisch, ja schier viehisch Leben».[3]
Ist doch das deutsche Volk das edelste und herrlichste
von allen! Selbst heutzutage kann es kühn den Wett-
streit mit jedem fremden aufnehmen, ja es entsteht
billig die Frage, ob es sich noch der Mühe verlohne,
sich mit fremden Sprachen den Kopf zu zerbrechen.[4]
Doch nicht nur diese Sprachverderber sind zu tadeln,
sondern auch die, welche ihre guten deutschen Namen um-
ändern und so die Ehre, die sich an ihren Namen knüpft,
dem «Vaterlande stehlen und andern Nationen anhängen».[5]
   Ein ander Geschlecht von «Zwickdärm oder Zwit-
ter» zieht die fremden Worte, ob sich's nun passt
oder nicht, an den «Haaren herbei» und würde solche
selbst von den *Antipodibus* herbeiholen, wenn es nur
könnte.[6] Aehnlich wie diese lateinischen und französischen «Handwerkskerl» treiben es auch die «albern,
unwissende teutsche Michel», die Kaufleute, Krämer

---

1 a. a. O. 36o.
2 a. a. O. 362.
3 a. a. O. 363.
4 a. a. O. 364 f.
5 a. a. O. 378 f.
6 a. a. O. 380.

und Apotheker.[1] Um diese Verräterei an dem deutschen
Vaterlande aufs äusserste zu treiben, suchen sie selbst
für ihre Kinder fremde Namen hervor, als wenn wir
nicht gute, ehrliche deutsche hätten.
Man ist verwundert, wenn man diese Strafpredigt
liest und daneben Grimmelshausens Schreibweise hält,
die dem Fremdworte gar nicht abhold ist. Er weiss
dies recht gut, denn am Schlusse sagt er: « Hier möchte
mir nun Jemand heimlich in's Ohr oder öffentlich in's
Gesicht oder hinterrucks nachsagen: Simplex nimm
dich selbst bei der Nasen!»[2]
Jetzt folgt jene Wendung, die ich vorhin andeu-
tete, dass nämlich der sprachliche Purismus neben
dem sozial-moralischen zurücktrete. «Gegenwärtiger
Zeit Wörter soll man sich gebrauchen und der alten
Sitten nachfolgen.»[3] Nun eröffnet er den viel erbit-
tertern Kampf gegen Alamode. . An den Pranger zu
stellen sind diejenigen, die wegen der fremden Worte
lärmen und toben, aber ihre «Leiber» mit französischen Kleidungen und ihr Gemüt mit «Untreu und
Arglist» verfälschen.[4] Der [ist der beste Deutsche,
welcher die «alten Tugenden übet und liebet».[5] Diejenigen sind die allerärgsten und allerschädlichsten
Teutschverderber, deren Sinn, Sitten und Geberden ganz
ausländisch sind. Ja es ist eine Schand, wenn ein «gravi-
tätisch Volk allerlei läppische Ueppigkeiten annimmt und
mitten in dem Vaterland seiner männlichen Vorfahren so
zärtlich wie die Weiber zu leben anfängt ...»
«Wie werden wir bestehn, wann uns ein Volk
bekriegen und unsre Freiheit unter sich zwingen wollte,

---

[1] a. a. O. 381.
[2] a. a. O. 382.
[3] a. a. O. 404.
[4] a. a. O. 404.
[5] a. a. O. 405.

dessen Sprache wir schon reden, dessen Lebensart uns wohl gefällt, dessen Kleidung wir bereits tragen, dessen Thun und Wandel wir haben und ihme in allem nachäffen. » [1]

Liest man dieses, dann glaubt man herauszufühlen jene Vorahnung, die alle Gemüter Deutschlands erfasste, jene unheimliche Schwüle vor dem Gewitter, das sich von französischer Seite über das Vaterland entladen sollte.

Und immer deutlicher wurden die Anzeichen des kommenden nationalen Unglücks und immer verzweifelter die Stimmen der besorgten Vaterlandsfreunde. Ein Zeugnis für diese aufgeregten Zeiten bietet wieder eine anonyme Flugschrift : Wachet auf, steiget zu Pferde, Soldaten in's Gewehr, Hannibal ist vor dem Thore! Lasst euch nicht verführen und eure « Ehr' und Redlichkeit, Würd' und Freiheit » erkaufen. Eure Söhne schickt ihr ins Ausland, unbefleckt und keusch ziehn sie aus, — gefallen, verdorben kehren sie heim. Hütet euch vor dem französischen Hahnengeschrei! Wachet auf! [2]

Grimmelshausens Teutscher Michel ist, wie schon erwähnt, die letzte bedeutende Kundgebung des Purismus. Mit dem Anfang der 70er Jahre tritt eine gänzliche Erschlaffung ein, man beschränkt sich auf den Kampf gegen die moralische Verderbnis und kümmert sich weiter um die Reinheit der Sprache nicht. Ja, Christian Weise, auch einer der schärfsten Verfechter des heimischen Wesens, ist ein offener Gegner der Sprachreinigung. « Ich habe genug *raisonirt*, dass sich etliche einfältige Deutsche über französische Worte, wie *affection*, *courage*, *serviteur* und solche die der Mode entgegenkommen, erzürnen », nein, man

[1] a. a. O. 413 f.
[2] Vgl. der Teutschen Wächterstimme ...

kann sie gebrauchen selbst in Gedichten, «nur lasse
man sich nichts merken, als wenn man etwas mit
Fleiss *affectirte* und wenn die Wort nicht *à la ne-
gligence* beigefallen wären.» [1]

Fragt man ob die berühmten Lehrer der deutschen
Sprache und Litteratur: Morhof, Kaspar Stieler und
Prasch nicht in dem Geiste ihres grossen Vorgängers
Schottel gewirkt, dann erhält man eine verneinende
Antwort. Wenn sie sich der deutschen Sprache in
ihren Werken — was nämlich nicht immer der Fall
— bedienen, ist dieselbe durch und durch mit lateinischen Worten und Redensarten durchsetzt. Aber
begeisterte Verehrer ihrer Muttersprache und des
deutschen Wesens sind sie doch. Nur äussert sich
diese Liebe in ganz besonderer Weise. Ihnen ist die
Muttersprache eine grosse Fundgrube, aus der alle
Sprachen, besonders Griechisch und Latein, ihren
Besitzstand an Worten ergänzt haben. Kaspar Stieler hat
ein Wörterbuch — auf Anregung der Schottelschen
Sprachkunst, wie er selbst sagt — geschrieben, in dem
er wahrhaft grossartige Etymologien zu Tage fördert, um
zu beweisen, dass das deutsche Wort älter sei. «Orgel»
ist gleich «Orgall», weil sie in die Ohren gellet.[2]
«Fieber» kommt von «Feuer»[3] u. s. w. Morhof und
Prasch vertreten auch dieselben Ansichten.[4]

Doch erkennen sie an, dass sich manche Fremdworte in die deutsche Sprache eingeschlichen, so sagt
Morhof, die fremden Kunst- und Rechtswörter müsse

---

[1] Curiöse Gedanken, 135 f.
[2] a. a. O. 597.
[3] a. a. O. 379.
[4] Vgl. Daniel Georg Morhof: Unterricht von der Teutschen
Sprache und Poesie... Prasch, Dissertatio de origine Germanica linguae Latinae (1686).

man aus der Sprache ausmustern[1] — in Wirklichkeit hält man sich aber nicht daran. Freier von lateinischen Phrasen bewegt sich allerdings Kaspar Stieler, der ganz unter dem Einflusse Schottels, dieses «stattlichen Mannes», steht.[2] So sehn wir, wie die Kräfte erlahmen, wie die Begeisterung für Reinheit der deutschen Sprache, die in den 40er und 50er Jahren so hohe Wellen schlug, allmählich verläuft, wie die Männer, die in erster Reihe zu den Verfechtern des Purismus berufen waren, der Wucht der Zeitverhältnisse weichen und sich beschränken auf die platonische Versicherung, die Reinheit der Sprache müsse gewahrt werden, oder in ihrer Eigenschaft als Grammatiker neben den lateinischen Kunstworten auch die von Schottel geprägten gebrauchen.[3]

VII.

Wir stehn am Schlusse.

Es hat sich gezeigt, dass unsere Puristen die Kräfte nicht besassen, den von Jahr zu Jahr anwachsenden Strom der Fremdwörter und Ausländerei einzudämmen. Forscht man nach den Ursachen dieses Scheiterns der Bewegung, so ergeben sich ungefähr folgende:

Die jammervollen Verhältnisse, wie sie der grosse Krieg schuf, wirkten in erster Reihe lähmend. Die

---

[1] a. a. O. 458.
[2] Vgl. Vorrede zum oben angezogenen Werke.
[3] Vgl. die von Morhof und Stieler angezogenen Werke und Prasch, Gründliche Anzeige von der Fürtrefflichkeit und Verbesserung Teutscher Poesie (1680).

Zeiten waren zu rauh, zu ehern, um in weitern Kreisen
der Nation solche Bestrebungen aufkommen zu lassen.
Die Schriften und Briefe dieser Patrioten sind voller
Klagen über die vielfachen Störungen, die ihre Sprach-
arbeit, ihre Bestrebungen und deren Wirkung erfuhren.
Dies war ein Verhängnis, gegen das auch die genialste
Kraft vergeblich angekämpft hätte. Aber nach dem
Kriege? Worin liegen nun die Gründe für das Miss-
lingen des Purismus?

Ein Haupthindernis für das gesunde Vorwärts-
schreiten liegt in der noch unfertigen, ungeformten
deutschen Prosa. Wie sollte man die fremden Worte,
wie die antike Terminologie entbehren, die doch die
Träger des Gedankens waren? Es handelte sich hier
nicht um das Abschneiden üppiger, wilder Schösslinge,
sondern in der Regel um das Ausscheiden des Kernes.
Nun kam noch dazu, dass man, bei geringer Produk-
tivität, gezwungen war, sich in Uebersetzungen an das
Ausland zu wenden, dass die fremde Sprache die Stütze
sein musste, an der sich die deutsche zu eigner Selb-
ständigkeit emporwinden sollte. Das war eine zwie-
fache Arbeit: neue Worte mussten für die Begriffe
geschaffen und der Schwerfälligkeit der deutschen Rede
musste Schwung und Gelenkigkeit gegeben werden. Da
nun ein genialer, sprachschöpferischer Geist fehlte —
muss man es um so mehr bedauern, dass die deutschen
Gelehrten in überwiegender Zahl ihre Kräfte dieser
nationalen Arbeit entzogen. Der Vorwurf Leibnizens,
dass in jenen Wirkungskreisen, die den Gelehrten zu-
kämen, unsre Sprache arm, sehr arm sei, trifft dieselben um so tiefer, da sie ja leider offene Gegner
der gesamten deutsch-sprachlichen Bewegung waren.
Schottel sagt, einige widerstreben deshalb, weil sie
befürchten, dass die Jugend neben der deutschen Sprache

die griechische und lateinische vernachlässigen würde; [1]
andere wieder aus dem nichtswürdigen Grunde, weil
sie besorgen, dass «Kunst und Wissenschaft in deutscher
Sprache beschrieben würden, welches sich nicht schicken,
noch nützlich sein könnte, damit sie nicht gemein
würden.» [1] Sie standen um so hinderlicher im Wege,
als ja in ihren Händen die Erziehung der Jugend ruhte.
Wie mächtig hätten sie wirken können, wenn die heran-
wachsende Generation in Schulen und auf den Universitäten für deutsche Sprache und deutsches Wesen
begeistert worden wäre. Jene oben angezogenen Worte
Schupps waren sicher aus der Seele eines jeden Patrioten gesprochen. Auch Leibniz bezeichnet die Re-
form der Schulen und Universitäten als eine Frage der
Zeit. Wie heftig die Gegnerschaft von Seite der Gelehrten war, bezeugt uns Harsdörffer: «Mit so unfug-
samer Strengigkeit wollten viel über die . . . lang-
beliebte Gewohnheit halten, dass die Urheber wohl-
bedachter Neuerung unserer Mutterzunge als Frevler
ernstlich abgestraft werden würden, wenn es in ihrem
Vermögen stünde . . . indem sie aber solches nicht
unterfangen dörfen, bemühen sie sich, die teutsche
Sprache mündlich und schriftlich zu beschmutzen, lächerlich zu verachten und bei Jedermann verächtlich und
unwürdig zu machen.» [3] Ich erinnere noch an das
Schicksal, das einen Thomasius traf, als er die erste
deutsche Vorlesung in Leipzig hielt.

Ein anderer Teil verlegte sich aufs Benörgeln,
Bespötteln, Zweifel und Bedenken äussern, um dadurch

---

[1] a. a. O. 146.
[2] a. a. O. 146.
[3] Gesprächspiele, I, Zuschreiben, 1 f. Aehnlich Zesen, Heliconische Hechel, 111.

die eigne Unkenntnis in der deutschen Sprache zu verdecken. [1]

Und endlich eine dritte Art war begeistert und
schwärmte für die edle deutsche Sache, sie liebte gar
die Muttersprache — aber nur platonisch. Diese Gelehrten brachten es fertig, mit glühender Begeisterung
über das herrliche deutsche Volk zu schreiben, sich in
schwungreichen Lobeserhebungen über die Hoheit, die
Grösse, die wunderbare Fügsamkeit der edlen, wortreichen teutschen Haupt- und Heldensprache zu ergehn,
Vorschläge zur Heilung der bestehenden Misstände zu
machen — aber in lateinischer Sprache. Das Recht
der deutschen geltend zu machen, mit der That zu
beweisen, dass jene Ergüsse nicht leere Flunkerei seien,
dass die Muttersprache in Kunst und Wissenschaft die
fremden, vornehmlich die lateinische, ersetzen könne,
das zu beweisen überliessen sie andern. Ein Reprä-
sentant dieser Gattung ist der hochbelobte, rühmlichst
bekannte Buchner. Er hat allerdings deutsche Gedichte
geschrieben und auch eine Sprachlehre, aber das war
in den jungen Tagen des ersten Aufloderns der patriotischen Begeisterung für das Deutschtum — später beschränkte er sich darauf, alle seine wissenschaftliche
Thätigkeit in lateinischer Sprache zu entfalten — selbst
seine Korrespondenz mit puristisch-gesinnten Freunden
und Schülern führte er lateinisch. [2]

Dies waren die Gesinnungen, die die deutschen
Gelehrten jener Tage den Sprachbestrebungen entgegen-
trugen. In diesen Kreisen hatten Schottel und seine
Freunde die schwersten Hindernisse, weil die grössten
Vorurteile zu überwinden.

---

[1] Schottel, a. a. O. 147. Harsdörffer, Gesprächspiele, III, 344.
[2] Vgl. Cl. Viri Augusti Buchneri Epistolarum Partes tres. ed.
M. Joh. Jacob Stübel. 1707.

Welch andere Früchte diese Bewegung gezeitigt
hätte, wenn der gesamte Stand der Gelehrten für
die gute Sache eingetreten wäre, darauf weisen die
thatsächlichen Erfolge Schottels hin, denn bekanntlich
ist ja ein grosser Teil seiner grammatischen Kunstworte
auch heutzutage in Uebung (vgl. den Anhang). Warum
hätte in den andern Fächern der Wissenschaft nicht auch
ein ähnliches Ergebnis erzielt werden können?

Die zweite Schuld trifft jenen Stand, der schon am
Schlusse des 16. und im Laufe des 17. Jh. im Banne
des Auslandes, insbesondere Frankreichs, stand: den
deutschen Adel und die Hofkreise. Hohe Stände, klagt
Leibniz, [1] haben bei uns Deutschen nicht allemal solche
Neigung für das Einheimische, wie bei andern Nationen,
und so werden auch wohlmeinende Leute wenig befördert oder belohnt. Dass aber Dichtung und Wissenschaft den Adel in die Kreise des Nationalbewusstseins
hätten hineinziehn sollen, war jetzt um so weniger zu
erwarten, da sie ja keineswegs sich mit der Frankreichs
messen konnten. «Weil die vornehmen Geister wohl
sahen, wie sehr das deutsche Volk in allen seinen
Leistungen zurückgeblieben, haben sie sich von ihm ab-
gewant, und weil sie auf den Reisen und in den
Büchern der Welschen und Franzosen dies Alles fanden,
bekamen sie einen Eckel vor dem Deutschen, schätzten
und liebten nur das Fremde, und glaubten kaum, dass
unser Volk und unsere Sprache eines Bessern fähig sei.» [2]
Und dass sonst irgend ein patriotischer Zug diese «vornehmen Geister» in die deutsche Bewegung hinein hätte
ziehn können, war jetzt schon nicht mehr möglich, als
das Vaterland nach dem Kriege noch zerrissener — und

---

[1] Ermahnung an die Teutsche . . ., 97.
[2] Leibniz, Ermahnung an die Teutsche . . ., 99.

politisch noch abhängiger von Frankreich war, als je
zuvor. «Man hat Frankreich gleichsam zum Muster
aller Zierlichkeit aufgeworfen», berichtet unser Gewährs-
mann Leibniz, «und unsere jungen Leute, auch wohl
junge Herrn selbst, so ihre eigne Heimat nicht gekennet
und deswegen Alles bei den Franzosen bewundert, haben
ihr Vaterland nicht nur bei den Fremden in Verachtung
gesetzet, sondern auch selbst verachten helfen und einen
Eckel der teutschen Sprach und Sitten aus Ohnerfahren-
heit angenommen, der auch bei ihnen bei zuwachsenden
Jahren und Verstand stehn blieben. Und weil die
meisten dieser jungen Leute hernach, wo nicht durch
gute Gaben, so bei einigen nicht gefehlet, doch wegen
ihrer Herkunft und Reichtums, oder durch andere Ge-
legenheiten zu Ansehn und fürnehmen Aemtern gelangt,
haben solche Franz-Gesinnte viele Jahre über Teutschland regirt und solches fast, wo nicht der französischen
Herrschaft, doch der französischen Mode und Sprache
unterwürfig gemacht.» [1]
   Wie schroff abwehrend sich die Adligen in ihrer
Gesamtheit der ganzen Bewegung für deutsche Sprache
und Poesie verhielten, haben uns die Puristen zur Ge-
nüge geklagt. Sie bekümmern sich um die deutsche
Sprache nicht und wenn sie sie gebrauchen, «zerplagen»
und «radebrechen» sie sie. [2] Wie anders hätte der Purismus wirken können, wenn in diesen schmerzvollen
Jammertagen ein patriotischer Adel der Angelpunkt für
diese Bewegung gewesen wäre! Eine rechte Hauptstadt
mit einem deutschgesinnten Hofe bezeichnet Leibniz als
Brunnquell der Mode und Richtschnur der Nation. [3]

---

[1] Unvorgreifliche Gedanken, 33 f.
[2] Zesen, Rosenmand, 169.
[3] Ermahnung an die Teutsche, 97.

Der Krieg hatte alle gesellschaftlichen Bande ge-
sprengt und somit auch dem deutschen Selbstbewusstsein
eine schwere Niederlage beigebracht. Wenn sich die
Nation nur deutscher fühlen sollte,[1] dann würde auch
für ihre Geschicke der Morgen einer neuen glücklichen
Zukunft anbrechen. Der, in dem Deutschen schon
ohnehin weit entwickelte Trieb, sich willig dem Fremden
hinzugeben, fand jetzt ungehindert Nahrung, da ja die
Deutschen damals nichts greifbar Grosses, an das sie
sich hätten festklammern können, besassen. Dieses
fühlten auch die Puristen heraus. So lässt sich ihr
stetiges Zurückgreifen auf die hervorragenden Geister
der deutschen Geschichte erklären. Mit welchem Wohl-
gefallen führen sie die Arminius, Karl und Luther ein!
Moscherosch lässt auf der Burg Schirmeck in den
Vogesen den modernen Alamodenarren vor Ariovist erscheinen, in lebhaften Farben wird die Niederlage des
mächtigen Römerreiches ausgemalt — auf die Trümmer
dieses Reiches hat Karl der Grosse ein germanisches
gepflanzt, jener Karl, der die Muttersprache so innig
liebte, sich um sie so bekümmerte, wie kein zweiter
Herrscher — und nun der stetige Refrain: diese herrliche Sprache wollt ihr neusüchtigen «Teutschlinge»
verachten? Der grosse Luther hat das wahre Christen-
tum zuerst in der deutschen Sprache verkündet, ja Luther
hat dieser Sprache das Leben eingehaucht und erklärt,
dass er nicht glauben könne, dass irgend ein anderes
Volk das Wort Liebe so herzlich wiedergeben könne —
und diesem Manne sollen wir nicht nachstreben? Dieses
Anrufen der grossen Gestalten der Vergangenheit, damit
sie ein Vorbild, ein Sporn seien, findet sich in allen
Schriften jener Männer; weil eben die Gegenwart keine

---

[1] Leibniz, Unvorgreifliche Gedanken, 54.

Stütze bot, an die sich das deutsch-nationale Selbstbewusstsein hätte anlehnen können, griff man in den Schatz
der Geschichte zurück. Wie gewaltig hätte in dieser
Zeit, da die Verzweifelung an der Zukunft der Nation
sich immer tiefer in die Herzen einnistete, ein wahrhaft
grosser Geist wirken können!

Billig entsteht die Frage, ob denn die Dichter, die
sich ja in ihrer Gesamtheit mit der Sprachreinigung
eins erklärten, ob denn die nicht mächtiger und nach-
haltiger auf die Zeitgenossen gewirkt haben? Wohl
entstanden, wie ich gezeigt habe, in allen Gegenden
Deutschlands Sprachgesellschaften und fanden unter den
Gesinnungsgenossen Anklang, aber diese Leute bildeten
einen verschwindend kleinen Bruchteil — tiefer in das
Volk sind sie nicht eingedrungen : es fehlte an ergreifen-
dem, das Volk entzündendem Gehalte. Diese Dichter
verloren sich zum grössten Teile in dem Gezänke um
die Form und vergassen durch die That und den Gehalt
die Grösse der Sprache zu beweisen. «Der deutsche
Frei- und Frohsinn, begleitet von einem aufrichtigen
Ernste, drang darauf, dass rein und natürlich, ohne
Einmischung fremder Worte, und wie es der gemeine,
verständliche Sinn gab, geschrieben würde. Durch
diese löblichen Bemühungen ward jedoch der vater-
ländischen breiten Plattheit Thür und Thor geöffnet...»
(Goethe). Leibniz, der die Gedanken der Puristen
wieder aufgriff, sah dieses ein, und brachte daher in
Vorschlag, man möge schwereres Geschütz aufführen,
man müsse die Sprache in den Wissenschaften üben,
denn nur so könnten die «undeutsch gesinnten Deutschen» eines Besseren belehrt werden.[1] Man hat bis
jetzt, um den Lauf des Stromes zu hemmen, nur «kleine

---

[1] Ermahnung an die Teutsche ..., 100.

Steine, Sand und Erde zu einem Damme zusammen-
geschüttet, mit nichten aber grosse Stücke von beständigen Steinen beigebracht».[1] Warum er in der
Wissenschaft und nicht, wie es natürlich, in der Dichtung
die «grossen Stücke von beständigen Steinen» für seinen
Damm sah, erhellt aus folgender Kritik der zeitgenössischen Litteratur: «Daher, weil die Meisten derer, so
sich die Ehre der deutschen Sprache angelegen sein
lassen, der Poeterei vornehmlich nachgehänget, und
also gar selten etwas in Deutsch geschrieben worden,
so einen Kern in sich habe, auch alles gemeiniglich in
andern Sprachen besser zu finden, so ist kein Wunder,
dass es bei der eingerissenen Verachtung der unsrigen
verblieben. Zwar wäre es wahrlich gut, wenn man
deren viel wüsste, so nur ein deutsches Klinggedichte
also fassen könnten, dass es anderer Sprachen Zierlichkeit entgegenzusetzen.»[2] Dieses Urteil dürfte wohl die
Meinung aller jener Männer ausdrücken, deren Bildung
und Geschmack im Auslande wurzelte.

Wenn man dies alles erwägt, wird man den richtigen Masstab für den Purismus im 17. Jahrhundert
gewinnen, und den Fehlschlag desselben nicht in der
etwaigen Schuld der Träger dieser Bestrebungen zu
suchen haben, sondern in den verhängnisvollen Ver-
hältnissen, die nur ein gottbegnadetes Genie hätte überwinden können.

Aber diese Männer haben nicht umsonst gelebt,
denn der Funke, den sie geschlagen, fand in vielen
Herzen Nahrung, die Liebe für alles Deutsche, die sie
angefacht, glühte fort und entzündete am Schlusse des
Jahrhunderts den Geist des grössten Deutschen jener

---

[1] a. a. O. 101.
[2] a. a. O. 100.

Zeiten: Leibniz. Leibniz bildet die Brücke von der sprachlichen Bewegung des 17. zu der des 18. Jhs. In seinen beiden deutsch geschriebenen Werkchen: «Unvorgreifliche Gedanken ...» und «Ermahnung an die Teutsche ...» nimmt er die Forderungen der Puristen seines Jahrhunderts wieder auf.[1] Auch er ist der Ansicht, dass nur durch Gesellschaften die deutsche Sprache wieder in ihr Recht eingesetzt werden könne. Auch er ist, wie Schottel und die andern Puristen, der Ansicht,[2] dass der deutschen Sprache nur durch tüchtige Uebersetzungen geholfen werden könne, dass die deutsche Sprache zuerst ein festes Gefüge erhalten müsse, was am wirksamsten bewerkstelligt würde durch ein deutsches Wörterbuch, und dass in diesem vor allem die Ausdrücke der «gemeinen Lebensarten», als da sind: «Jagd- und Waidwerk, Schiffahrt, Erz- und Bergwerk» enthalten sein müssten. Ferner wünscht Leibniz ebenfalls, dass man sich alle Mühe gebe, «alte, verlegene Worte aufzusuchen und einzubürgern», dass man die Mundarten zu Rate zöge; so sei für foedus defensivum et offensivum das schweizerische Schutz- und Trutzbündnis zu setzen und wenn man sich auf diese Weise nicht helfen könne, seien neue Worte zu schaffen durch Zusammensetzung und Ableitung, wobei das Ebenmass (Analogie) nicht ausser Acht zu lassen sei. Man sieht, die Gedanken Schottels kehren wieder. Die Kunstausdrücke desselben hat er sich auch angeeignet: Wurzel, Wörterbuch, Kunstwort, Verfasser u. s. w. Ebenmass für Analogie ist eine Prägung Harsdörffers. Diese beiden Schriften sind nicht unserer Bewegung

---

[1] Vgl. über sein Verhältnis zu Schottel, Quellen und Forschungen, XXIII.

[2] Vgl. Unvorgreifliche Gedanken, 49-70.

zu Gute gekommen, sie wurden eи im 18. Jh. veröffentlicht. Aber gerade dadurch, dass die Sprachgesellschaften des folgenden Jahrhunderts diese Schriften aufgriffen, dass Gottsched in seinen Leipziger Beiträgen[1] mehrere Werke der Puristen des 17. Jhs. veröffentlichte und besprach, habeu unsere Männer einen geistigen Anteil an jenen Früchten, die die sprachliche Bewegung des 18. Jhs. zeitigte. Dieses ideale Verdienst tritt noch heller ins Licht, wenn man bedenkt, dass die Puristen in erster Reihe sich um die Festigung der deutschen Prosa bemühten. Dadurch, dass sie die «Meissner Mundart», die Luthersche Bibel zum Ausgangspunkt für ihre sprachlichen Arbeiten machten, haben sie sich erhebliche Verdienste um den endlichen Sieg der neuhochdeutschen Schriftsprache Luthers erworben. Sie haben das Recht dieser Sprache geltend zu machen gesucht und auch siegreich durchgeführt.

In der Brust dieser Patrioten flammte zur Zeit der tiefsten Erniedrigung des Vaterlandes das nationale Bewusstsein mächtig auf. Sie waren die Rufer im Streite und die Wecker der Nation in einem Zeitalter moralischer Versumpfung; sie haben stets das Ideal des ehrlich, redlich-biedern deutschen Mannes hochgehalten und in den Tagen des tiefsten Verfalls als einen glückverheissenden Hoffnungsstern leuchten lassen. Dadurch, dass sie ihren Ruf nach sprachlicher Reinheit enge mit dem nach moralisch-gesellschaftlicher verknüpften, gewinnen diese Patrioten nicht nur für die deutsche Sprach-, sondern auch für die deutsche Kultur- und Sittengeschichte eine hervorragende Bedeutung.

---

[1] Vgl. Beyträge zur kritischen Historie der deutschen Sprache, Poesie und Beredsamkeit (Leipzig 1732-41), bes. Stück 7, 365 ff.; 21, 36 ff.; 14, 245 ff.; 15, 457 ff.; 19, 420 ff.; 27, 432 ff.